60招轻松教子

顾新佳◎编著

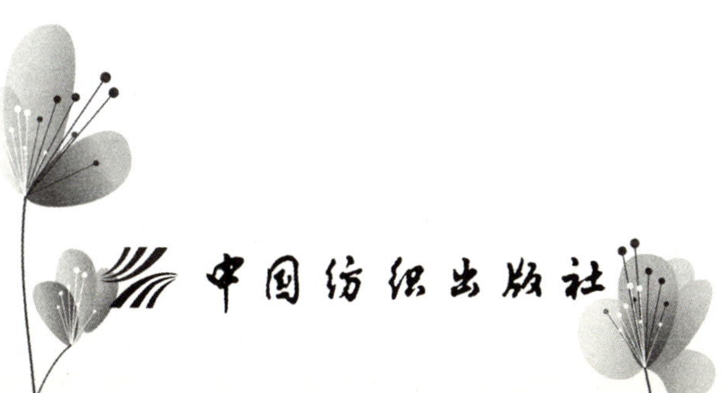

中国纺织出版社

内 容 提 要

现在的父母经常感叹："孩子是越来越难教了"，的确，那些教育孩子的方法似乎总是不奏效，纵然父母使出浑身解数，而孩子的缺点却总是反反复复地出现，该怎么办呢？

本书也正是为了解决这一难题而来。书中从孩子的学习、性格、情商、财商、健康等多个层面来分析广大父母在教子上存在的问题，并提出科学有效的方法，让你在60招之中轻轻松松学会教子！

图书在版编目(CIP)数据

60招轻松教子/顾新佳编著.—北京：中国纺织出版社，2011.8

ISBN 978-7-5064-7625-6

Ⅰ.①6… Ⅱ.①顾… Ⅲ.①家庭教育Ⅳ.①G78

中国版本图书馆CIP数据核字(2011)第122963号

策划编辑：杜　慧　　责任编辑：闫　星

特约编辑：许若茜　　责任印制：周　强

中国纺织出版社出版发行

地址：北京东直门南大街6号　邮政编码：100027

邮购电话：010—64168110　传真：010—64168231

http://www.c-textilep.com

E-mail:faxing@c-textilep.com

尚艺印装有限公司印刷　各地新华书店经销

2011年8月第1版第1次印刷

开本：710×1000　1/16　印张：12.5

字数：142千字　定价：23.80元

孩子在商场耍赖，非要买玩具，该怎么办？顺着他，他只能越来越任性；不理会他，他会不会由此变得敏感自卑？

到了吃饭的时间，孩子还是不肯吃饭，非要再玩一会，是让他玩得尽兴了再吃饭，还是不理睬他的请求？

如果孩子动手打了人，家长应该怎么教育孩子呢？“修理”孩子一顿？孩子要么从此产生暴力倾向，要么在你的武力镇压下变得胆小懦弱；对孩子的错误视而不见？孩子可能从此把“打人”不当回事儿，变成一个十足的小霸王。

很多父母都反映，现在的孩子是越来越难教了，不管是学习上还是生活上，或者性格、行为上，处处都要注意，处处都要小心。

父母们觉得教育孩子比较累，除了现代社会激烈的竞争压力迫使孩子从幼儿园开始就要投入人生的征程中，处处要竞争、处处有压力外，还有一个原因就是孩子身上的很多小缺点、小毛病总是反反复复出现，不管采用什么方法都觉得效果不明显。也就是说，教子无招，是父母们普遍困惑的问题。

那么，有没有一种方式能够解决上述种种问题呢？回答是否定的。当我们面对着纷繁复杂的孩子的教育问题时，我们无法找寻到一种普遍适用的方法，能够一招就解决问题。但是，对于孩子的教育又不是无章可循的，这其中还是有一些比较有规律可循的办法可供我们选择的。

教育孩子的第一招是爱。可怜天下父母心，作为父母，哪有不疼爱自己的孩子的。可是，爱有理智的爱和溺爱宠爱之分，我们一门心思地“爱”孩子的同时，是否反思过，我们爱得正确吗？

我们常常会为孩子独立活动而担惊受怕，所以尽量不让孩子参加户外的独立活动；我们常常会担心孩子乱花钱，所以从来不跟孩子讲清楚什么是钱，钱可以干什么；我们担心孩子会玩电脑游戏上瘾，所以很少让孩子接触电脑；我们怕孩子交坏朋友，所以不允许孩子和同学交往……

孩子在我们的宠爱中，逐渐失去了独立、自主、勇敢和智慧，像温室里的花朵，经不起风雨吹打，经不起太阳直晒。而当我们醒悟过来，要给孩子补充这些能力时，我们又要花更多的精力去帮助孩子，从而让我们陷入教子难的境地。

教育孩子的第二招是平等。作为父母，作为孩子的监护人，在教育孩子的过程中，我们往往扮演发令者的角色，而孩子只有被动接受教育的份。家庭关系中，孩子的话语权常常被部分剥夺或者全部剥夺，孩子似乎成了父母的附属品，做父母的替孩子安排好了一切。可越是这样，我们越发现孩子越来越叛逆了，越来越不听话了，越来越难教了，这是为什么呢？原因就在于我们没有平等地对待孩子，没有站在孩子的角度去认真倾听孩子的心声。

有多少次，孩子在自己的日记里写上对钢琴课的讨厌，可是妈妈还是要逼着他们去练习；孩子的QQ签名永远是“周末又要去培训班，好累啊”；有多少孩子会对老师说：“要是不听爸妈的话，就会挨揍”；有多少孩子在写完了学校布置的作业后，还要被命令着写父母布置的课外习题……

一个个生性好动、活泼可爱的孩子，就在这样一个个“强硬”的安排下变得麻木、钝感乃至厌学，变得跟父母不合作，而父母们也在孩子慢慢转变的过程中，发现孩子越来越难教。

教育孩子的第三招是经历。只有经历过了，理解才最深刻。汶川地震灾区的孩子永远也不会忘记灾难之痛，永远都会记住关爱之重要，因为他们的生命里有刻骨铭心的经历。而现在的家庭教育中，很多父母，往往只停留在“说”的层面，孩子听话了，表扬孩子做得好；孩子犯错误了，数落、批评，甚至打骂孩子。所有的行为都仅仅停留在讲道理、“大棒子”的层面上，而没有切实地观察孩子的需求，给孩子提供一些方法的指导和亲身经历的机会。其实，假如我们转变观念，在爱和平等的基础上，多给孩子一点耐心，多指导孩子一些做事做人的方法，多给孩子创造一些经历的机会，也许孩子会给我们更多的精彩，而我们的教子也会变得更加轻松！

《60招轻松教子》这本书试图在找寻一种途径，使得父母们在阅读本书的过程中，转变观念，改变方法，尝试着去行动起来，走上一条轻松的教子之路。

第二章 学习——温度太高，小心烫伤孩子 / 37

第三章 阳光性格从阳光中来 / 61

第一章

不能为了管教而管教

孩子需要管，这是大多数父母的共识，但是怎么“管”，用什么方法“管”，才是孩子最喜欢最能接受的方式，这就需要我们认真考虑了。管教孩子不仅是一种教育理念的碰撞，也是一种教育技巧和智慧的学习。和谐民主的家教氛围是父母和孩子共同努力的结果。平等、民主的态度，幽默技巧的使用，会让我们的家庭氛围变得更加和谐，让我们对孩子的管教更加有效。

第一章　不能为了管教而管教

你知道“管教”有多少种表达方式吗

“管教”，指在严格限制下所实施的一种赏罚严明的教育，此种教育一般由在上者(教师或家长)指导实施。管教，拆开来看，一个是“管”，一个是“教”。“管”带有强制性，指父母作为孩子的监护人，对孩子的一些行为的约束具有强制性，而“教”则是父母教育子女的重点。

现代家庭，教育孩子的方式多种多样，各位专家学者也进行了多种多样的尝试，取得了很多成果。概括起来，“管教”孩子无非就这样几种方式：

棍棒型教育

小亮今年11岁，任性而调皮，母亲在他三岁的时候离家出走，至今没有任何消息。父亲在长期失去妻子，和强大的工作压力下，脾气逐渐变得暴躁。

小亮的爸爸在一家化工厂上班，厂子离家较远，早晨六点就要上班，中午无法回家，就要到晚上八点左右才能下班回家，对于小亮的教育，他是既无力也无心了。孩子犯了错误，他气急了就打一顿，平时也没有时间管教他。由于长期缺乏亲子沟通，小亮对爸爸既恨又怕。学习成绩也一直在下滑，经常考班里倒数。

有一次，小亮被好朋友小军带到家里玩，没有及时跟爸爸说一声。晚上回到家里，小亮看到爸爸愤怒的眼神就知道大事不妙了。果不其然，爸爸什么话都没说，拿起胶鞋就朝小亮的屁股上狠狠地砸了二十几下，打累了，扔下鞋，自顾自吃饭去了！

受传统家庭教育父母权威观念的影响，有些父母管教孩子的方式很简单，非打即骂，“棍棒底下出孝子”是很多家长信奉的家教法则。棍棒型教育早就被证明是不适合孩子的教育方法，即使教育必须有一定的惩戒，但是打骂孩子无疑是家长无能的表现之一。

撒手型教育

小赞爸爸是干个体的，妈妈前些年在一家机械厂当钳工，厂子倒闭，她就失业了，最近刚找到一份大型超市出货员的工作。夫妻俩都忙于挣钱养家，对小赞基本上是不管不问，生活上由爷爷奶奶照顾，学习上的事情，爷爷奶奶也不懂，他们又特别忙，只好给他找了个家庭教师来照看孩子的学习。

由于长期无人管束，虽然有家庭教师，小赞的学习成绩还是很糟糕。

撒手型教育大多是因为家长出于生计压力，分身乏术，没有时间管束孩子。也有家庭比较富裕，特别溺爱孩子的，孩子要什么给什么，只要孩子身体健康就万事大吉，对孩子的其他要求不高。采取撒手型管教方式的父母有时还会拿什么让孩子保持独立性这样的谎话来骗自己，其实是一种推卸责任，试问，孩子还没有具备独立的能力，你就让他们去保持独立，这不是难为孩子吗?

圈养型教育

小欣最烦妈妈了，因为妈妈总是喜欢跟她唠叨这，唠叨那的。

“小欣，作业带了吗？”

“小欣，牛奶喝了吗？”

“小欣，来客人了，你怎么不打招呼啊？”

小欣每天都要听到妈妈在她后面唠叨个没完，每次，小欣都会跟妈妈讲：“妈，我已经10岁了，有些事，我可以自己搞定的，你就别操心了！”

“哎呀，丫头，你再大还是个孩子，妈妈不放心你啊！”

圈养型教育最大的特点就是唠叨，事无巨细都要管，都要抓在自己的手里，孩子做什么事情都不放心，总认为孩子不能独立做事。其实，孩子也在慢慢长大，他们的智慧是不可低估的。

民主型教育

小立在一次作文中，在写到自己的家庭时说道：“我的家是个民主之家，爸爸是民主的国王，妈妈是温柔的皇后，他们总是和声细语地跟我交流，我非

常喜欢这样的家庭氛围。当然，我们家偶尔也会有‘阴天’的时候，每当我犯了错误，爸妈总是很严肃地表示他们对我很失望，然后要‘罚’我打扫卫生或者背诵古文什么的。”

民主型教育是现代家庭教育呼声最高的家教方式之一，越来越多的父母意识到对孩子要民主，要把孩子当做一个独立人格的人，教育孩子要注重孩子的意愿，与孩子商量着办。但是说起来容易做起来难，在实际的教育过程中，我们往往把握不住这个“度”，嘴上喊民主，手上使棍棒。

以上管教孩子的方式，不管是哪一种，家长们的目的都是相同的，那就是希望自己的孩子身体健康，学习棒棒的，希望培养出一个好性格的孩子。那么上述这几种管教孩子的方式，到底哪一种是有效的，恐怕谁用谁知道。其实要想有效地管教孩子需要把握这样几个方向：

1．以身作则——给孩子行动的榜样。根据调查，孩子认为最有效的家教方式之一就是孩子希望父母成为一个以身作则的人。给孩子行动的示范，孩子就会还你一个精彩！

2．不要把批评当做惩罚。孩子犯了错误必须承担责任，但是不要让孩子觉得批评是一种惩罚，批评只是就事论事，是约束孩子下一次不再犯类似错误的一种手段，而不是在孩子做了错事后，父母发泄怨气的工具。

3．温柔比吼叫更有效。管教孩子时，大声地呵斥孩子，对孩子是一种很大的伤害，大声吼叫会给孩子造成心理阴影。心理学家研究证明，教育孩子时音量的适当非常重要。声音越大，对孩子的伤害越大，而且教育的效果最差。

孩子最喜欢什么样的“管”

在教育孩子的过程中，到底什么样的管教方式才能让孩子轻松快

乐地接受呢？什么样的管教又是孩子不能够接受的呢？

有一天，远远和爸爸一起去商场逛街，突然，他看到一款变形金刚非常好看，是新款的，他一直梦想有一款这样的玩具，所以他就央求爸爸给他买一个。爸爸一看标价牌上写着："576元"，这可是他半个月的工资啊！有些舍不得，但是又不能让孩子失望，于是就跟远远说："儿子，你为什么喜欢变形金刚呢？"

远远一边把玩着玩具一边兴奋地说："因为我喜欢啊，他们是我的偶像，可厉害了！"

爸爸说："好，爸爸支持你，但是，这个玩具这么贵，可抵得上爸爸半个月的工资呢！假如我们买了这个玩具就不能买其他的日常用品了，你说怎么办呢？"

远远也知道家里比较困难，知道自己的要求有些过分，低下了头，但是他实在是喜欢这个玩具。

爸爸看出了儿子的心理变化，知道远远是个懂事的孩子，于是郑重地说："儿子，变形金刚可以给你买，但是你要答应爸爸一个条件。"

一听可以买变形金刚，远远马上又来了精神，急切地说道："什么条件啊？"

"期末考试，成绩在班级前十名之内，爸爸就把变形金刚奖励给你！"爸爸认真地说道。

远远在心里盘算着，以自己的实力应该没问题，便认真地说："好的，我一定会努力的，不光为了变形金刚，也为了老爸不白花这半个月工资！"

说完，父子俩相视一笑，高兴地回家了！

亲爱的家长朋友们，你们也曾在带孩子去逛商场时遇到这样的情形吗？一般情况下，面对孩子的有些"过分"的要求，您可能会有下面的反应：

训斥打骂。当孩子提出一个有些"过分"的要求时，有些急性子的家长会训斥孩子，甚至还会揍孩子一顿。他们认为孩子不懂做父

母的疾苦，不体谅大人，认为孩子不懂事，所以很生气。“爸妈很生气，后果很严重”，动不动就训斥孩子，只会让孩子怕父母，不敢跟爸爸妈妈交流和沟通，从而影响孩子的身心健康发展。

唠叨数落。尤其是妈妈，当孩子提出一个有些“过分”的要求时，会不停地数落孩子，在孩子面前大吐自己的苦水，大有用言语“刺杀”孩子的意思，一直说到孩子麻木为止。根据调查，现在孩子最烦的家教方式就是父母的唠叨、数落等 “言语暴力”。

完全放任。有些父母疼爱孩子，即使孩子提出一些“过分”的要求也会尽量满足孩子，孩子要什么就给什么，这样一来孩子就成了家里的“小皇帝”、“小公主”，说一不二。完全放任孩子的行为只会教育出任性、自私的孩子，看似一切以孩子为主，实际上是害了孩子。

民主商讨。远远的爸爸在远远提出要花自己半个月工资去买一个玩具时，没有怒火中烧，也没有觉得孩子不懂父母的辛苦，而是感受到孩子对玩具的喜欢，感受到如果冒然拒绝会伤了孩子的自尊心，让父子之间造成隔阂。所以，他采用了民主商讨的办法，将家里的实际情况告诉孩子，争取孩子的体谅。然后给孩子一个目标，让孩子努力学习，用成绩来赢得奖品，而这个成绩的要求也并不是以为难孩子为目的，而是给孩子一个跳跳就能够得着的目标，让孩子在轻松愉悦的心态中接受要求、努力学习，从而有效地化解了这次父子之间有可能的家教冲突。

关于什么样的家教方式是孩子们最喜欢的，南京晓庄学院附属小学的顾新佳老师进行了相关调查，经过调查发现，孩子们最能接受的家教方式主要由这样几个关键词组成：

1．平等。孩子们喜欢父母能够平等地对待自己，即使自己犯了错误。来自六1班的张清婷同学说：“我喜欢爸爸妈妈平等地跟我对话，而不是不让我说，不给我辩解的机会。”五4班的彭琳同学也说：“我

理想中的和爸爸妈妈的关系就是轻松快乐地和他们聊天，什么都可以聊。”平等地对待孩子提出的问题，把孩子当做一个具备独立人格的“人”来看待，是和谐民主家教中最基本最重要的特征。

2. 民主。六1班的汪芷昕说：“我希望有些事情能够和妈妈一起商量着做，而不是他们让我们做什么我就得做什么。”四4班的程至立也说：“我爸妈要我做什么的时候，总是能够跟我商量着来，非常民主，我喜欢这样的家庭。”

民主是对话、交流的基础，是把属于孩子的话语权还给孩子的最佳方式。当孩子也有权利和机会在父母面前表达自己的意愿时，孩子就会学会倾听，学会服从，使亲子沟通变得和谐快乐，卓有成效。

3. 少说多做。孩子不是父母的附属品，孩子们最讨厌父母随意地要求自己做这做那，而且经常在自己面前唠叨、数落自己。六1班的万文静同学说：“我妈妈经常数落我，我也知道妈妈是为我好，但是一听到妈妈数落自己就不想听。”根据调查，孩子们普遍表示，很多事情自己知道该干什么，在干什么，不用父母唠叨式地提醒自己，不用父母耳提面命地“命令”自己。他们希望爸爸妈妈能够少说多做，当他们真的遇到困难时能够具体而细致地告诉他们该怎么办，而不是数落自己的不是。

孩子最喜欢的方式往往是我们平时最为忽视的，这就是为什么很多孩子不听话的原因。如果我们能用正确的态度和方式去管教孩子，孩子就会听从父母的意见，做个“好孩子”！

“教”要有“教”的智慧和技巧

有一天，邻居李芳来找王萍，说王萍家儿子小亮把他们家女儿莉莉打哭了，正说着，小亮满身泥土地回家了，还气鼓鼓的。

王萍跟李芳说：“这俩孩子从小就在一起玩，很少闹别扭，怎么会突然打架呢？你别着急，我先了解一下情况，如果是小亮不对，我待会带着他去你们

家道歉。”

李芳摸摸小亮的头，笑眯眯地说道：“没关系，我就是过来说一声。我知道我们小亮也有委屈，阿姨不怪你！”

送走李芳，王萍拉着小亮坐了下来，温柔地摸着儿子的头，柔声地说道：“儿子，怎么突然会和莉莉打架了呢？”

“哼，谁叫她不把布娃娃给我玩啊，还说我们家没有布娃娃，说我们家比他们家穷，我当然要揍她了。”小亮生气地说道。

王萍一听，知道儿子长大了，也有自尊心了，有小男子气概了。但是觉得儿子出手就打人毕竟不对，就正色道：“妈妈知道你受委屈了，但是你出手打莉莉就是不对！莉莉跟你是那么好的朋友，就因为她说错了一句话，你就打人家，妈妈对你的行为感到非常失望。”说完，冷着脸，盯着小亮一句话也不说，足足有半分钟。

小亮一看妈妈的脸色，知道妈妈生气了，低着头，等待着妈妈更猛烈的批评。可这时，王萍却一把把小亮抱在怀里，柔声地说道：“妈妈知道你受委屈了，莉莉不给你玩具玩，还说我们家穷，你气不过，所以你就打她来解气。但是这是不对的，我们是没有他们家有钱，但是这不妨碍我们过幸福的日子，我们不跟她比有钱，我们跟她比学习，你可是一直比她优秀的。”

小亮一听妈妈这么说，心里平静了许多，也知道自己刚才确实是太激动了，做错了。抱歉地望着妈妈说：“我错了，我不应该那么对莉莉，我待会去跟她道个歉！”

王萍望着小亮明亮的眼眸，欣慰地笑了。

孩子被人告状了，做父母的一般都会很生气，觉得孩子太淘气，不让自己省心。这时，血压就会升高，心里的小火苗就会腾腾地升起来了，如果孩子在边上，有时会忍不住，揍孩子一顿解气。这样由着自己的情绪变化，条件反射式地处理孩子的问题的父母有很多。打骂孩子一顿，你们是解气了，可是孩子的问题解决了吗？不但没有解决，反而给孩子树立了一个坏的榜样，给孩子这样一个印象：凡是遇

到解决不了的问题，首先想到的是用武力来解决。面对邻居的告状，王萍没有这么做，他知道自己儿子打人一定是有原因的，所以她必须要先了解原因，她从儿子“满身泥土”、“气鼓鼓的样子”中看出，儿子在打人的过程中也是“受害者”之一，不光身上脏了，心里估计也很难受。

所以，她必须先平复儿子的情绪，然后才是想办法解决儿子打人的问题。得知儿子确实打了人，王萍知道不管出于什么原因，儿子这样解决问题的方式肯定是不好的，打自己的朋友是不对的。所以她义正词严地告诉儿子，他做错了，他的行为让妈妈感到很失望，并且把这些失望准确地表达给小亮。然后，她没有揪住孩子的“小辫子”不放，大发牢骚，而是温柔地宽慰儿子，告诉儿子以后遇到这样的事情可以怎么办。这样既平复了儿子内心的愤怒，又给孩子一个改正的机会，还给孩子指出了处理问题的方法，有效地避免了儿子以后再犯类似错误。

面对孩子的问题，我们需要管教，但是决不能瞎管、胡管。管教孩子是需要技巧和智慧的，概括来讲大约有这样几条：

1．沟通——管教孩子的前提。在教育孩子前，必须经过沟通，沟通是发现孩子问题症结所在的有效手段；沟通是给孩子申辩机会的途径之一；沟通也是平复孩子情绪，取得孩子信任的最好方式；沟通还是避免错误对待孩子问题的有效方法。

2．言语措辞——准确到位。管教孩子时，对于言语的选择和使用是需要推敲的。当孩子犯了“打人”、“偷窃”等这样一些比较严重的问题时，批评孩子的言语必须是坚定的，要明确告诉孩子这些行为都是错误的，是不可原谅的。但是切记不要过分严厉，要让孩子感受到，爸妈批评自己只是因为自己做错了事情，而不是爸妈不爱自己了。

3．动作神态——管教的秘密武器。管教孩子时，有时并不需要言

语，父母和孩子长期生活在一起，彼此都互相熟悉对方的脾性，有时父母一个眼神就可以制止孩了的某些行为。当得知小亮打人时，妈妈冷着脸，非常生气地盯着小亮一句话也不说，足足有半分钟，在这无声的半分钟内，小亮感受到妈妈对自己过错的态度，也感受到了妈妈的失望。同样，当我们发现孩子面对一件事表示害怕退缩的时候，我们只需一个温柔鼓励的眼神，就可以让孩子信心百倍。动作神态，是父母和孩子之间的秘密信号，运用得当，会起到很好的教育效果。

4．言出必行——给孩子一个榜样。在教育孩子的过程中，不怕孩子犯错误，就怕孩子反复的犯同样的错误。其实仔细分析一下，孩子之所以会犯同样的错误，是因为我们没有言出必行，没有说到做到。比如，孩子作业没有及时完成，有些父母生气地跟孩子说："抄写10遍，而且以后都是这样！"可是当孩子下次犯了同样的错误，父母心疼孩子，就改为5遍，甚至不抄了，这样孩子就会觉得爸妈的话是要打折扣的，可听可不听。这样就会促使孩子经常犯同样的错误。

5．"说"不如"教"——给孩子一个改正错误的方法。当面对孩子所犯错误的时候，我们经常听到有些父母唠唠叨叨一大堆，把孩子批评一通就算完了，其实这样并没有解决孩子的问题。在管教孩子的智慧中，用人道理说教一番，远没有帮助孩子分析错误、制订解决问题的措施来得重要。当孩子犯了错误，我们只需要用1分钟左右的时间来让孩子认识自己的错误，然后用1分钟左右的时间来平复孩子的情绪，接下来我们就需要集中精力帮助孩子找出改正这个错误的方法，避免下次再犯。

管教孩子的技巧还有很多，只要我们抱着尊重孩子的心态去不断探索和追求，在孩子的教育问题上总会有所收获的！

骏马需要缰绳而不是锁链

在教育子女的过程中，我们经常会遇到这样的情况，那就是很多

父母用自己无尽的“爱”把孩子锁住，假如这样，我们给孩子的就不是“爱”，而是“害”了。

“妈妈，这个周六我想和小雯等几个好朋友一起去情侣园烧烤，可以吗？”周五晚上，写完作业，洗脚的间隙，华华认真地问妈妈。

“宝贝，还是不要去了吧！去烧烤很危险，又不卫生，妈妈怕你一个人照顾不了自己！”妈妈听到女儿这么说，不假思索地说了一大段的道理。

“可是，我已经五年级了啊！而且我们是好几个人一起去的，我会自己照顾自己的！”华华努力地想说服妈妈。

妈妈看女儿非常想去，但是又担心孩子会有危险，于是就说：“好吧，周六让你爸爸陪你们去！”

一听说爸爸也要去，华华激动的心情马上凉了下来。别的同学都没有家长陪着，自己却带个“尾巴”过去，真不好意思！于是，就跟妈妈说：“那好吧，我不去了！”说完，失落地睡觉去了。

妈妈为什么不让华华跟几个同学去烧烤，理由很充分，几个孩子去玩不安全，会有危险，所以拒绝了孩子的行动。这样的情形经常发生在我们的周围，很多家长也没有觉得这样有什么不妥。现在每家基本上都是一个孩子，每个孩子就是一家人的希望，不管干什么，安全第一，万一出点什么事，一家人都不好过。所以，为了保险起见，没有家长跟着的话，父母通常会拒绝孩子外出活动。孩子从内心来说，更渴望脱离父母独立活动，不管活动中遇到什么样的困难，他们总是希望能够自己来处理这些事情。

有这样一个故事：

有一天，妈妈从集市上买回一袋桃子，有大有小，小方和小正两姐弟特别高兴。弟弟一见妈妈提着一袋桃子回来，迫不及待地冲上去要去拿桃子吃，连手都忘记洗了。妈妈见弟弟这么“好吃”，非常生气，狠狠地瞪了他一眼，把桃子放在茶几上，让姐弟俩坐了下来。

妈妈说：“小正，现在妈妈这里有这么多桃子，你想吃哪一个？”

“我想吃又大又红的那个！”小正激动地说。

“你就知道吃，整天什么事都不干，还要吃又大又红的那个！”妈妈听到弟弟的回答很生气地说道。

小方心里也想说吃那个最大的，可是被弟弟抢先说了，但是看到弟弟被批评了后，小方就主动地说：“妈妈，您每天工作辛苦了，您吃那个最大的吧！我随便挑一个小的就好了！”

妈妈一听小方的回答，高兴地说道：“还是姐姐懂事，知道妈妈辛苦，方儿，妈妈就把这个最大的奖励给你吃！”

接过妈妈递过来的大桃子，小方没有一丝的高兴，反而有种隐隐的不安。

弟弟小正想吃大桃子，他勇敢地表达了自己的想法，这本没有错，但是作为他们的母亲，因为小正的“好吃”的冲动行为，继而推论出小正有“好吃懒做”的本性，狠狠地批评了说出真实想法的小正，“逼着”小方说了谎。妈妈的行为让两个孩子接受了这样一个事实：说谎比诚实结果要好多了。所以，从此以后，他们学会了说谎，不管是善意的还是恶意的。

每一个孩子就像一只未长成的骏马，骏马需要的是缰绳，是能够掌控他们，不让他们越轨的准则，而不是锁链，束缚他们内心真实的想法和自由活动的机会。缰绳能够让骏马朝着一个正确的方向跑得更长、更远，锁链只能让骏马寸步难行，而骏马需要的是缰绳。在孩子的教育问题上，我们应该用道德规范和行为准则这根“缰绳”约束、引导孩子，而不能用“锁链”将他们“绑”起来限制他们的健康成长。那么，究竟我们该如何让孩子在“缰绳”的控制下健康快乐地成长呢?

1．给孩子经历的机会。经历是孩子成长的密码，孔子说过：对于我听过的东西，我会忘记；对于我看过的东西，我会记得；对于我做过的东西，我会理解。只有经历过的才会深刻地理解，在教育孩子的过程中，在确保孩子安全这根“缰绳”的前提下，要多让孩子独立

地活动，多让孩子亲身去经历。比如，可以选择合适的时机，让孩子和伙伴们一起去郊游，或者让孩子独立地上下学，培养孩子的自主性。

2．给孩子明确的生活准则。教育孩子的过程中，要给孩子明确的生活准则，比如诚实、善良、正直等等。用这样一些明确的、孩子可以接受并运用的生活准则作为教育孩子健康成长的“缰绳”，用来约束和引导孩子的行为。而不是为了防止孩子出危险，或者防止孩子被坏人骗，就“杞人忧天”地拒绝孩子单独行动，不给孩子独立成长的机会。

3．纲举目张，松弛有度。大家也许见过用渔网捕鱼的情形，不管网撒开有多大，只要总的绳结抓在手里，最后网总是能够收回来，这就是所谓的纲举目张的道理。推及孩子的教育问题，对孩子的管理，也要像撒网捕鱼那样，抓住一个原则不放松，细节的问题让孩子自己独立完成，独立处理，不要过多地干涉孩子自由独立活动的权利和机会。比如，孩子的家庭作业，制订好家庭规则后，不必天天检查督促，只要定期按照原则去检查，发现孩子有问题按规定办事，孩子就会形成自觉写作业的良好习惯。

综上所述，在孩子的教育问题上，大事不放过、小事不干涉这样的原则是比较适合孩子的较好的方式之一。

请放低姿态，让尊严和权威另类表达

暑假的一天，爸爸妈妈都去上班了，小春一个人在家玩。小春先看了一会动画片，觉得无聊，就在家里寻找可以玩的玩具。翻箱倒柜找了半天，突然，在爸爸书房放藏品的架子上看到爸爸前不久买回来的一对瓷瓶。小春爸爸是个瓷器收藏发烧友，平时最大的爱好就是去淘瓷器，这对瓷瓶据说是元青花，很珍贵。

小春看到这对漂亮的瓷瓶，心血来潮，也学爸爸平时观赏瓷器的模样，把

瓶子搬起来假模假式地看。可能是由于天气热，手上出了不少汗，突然一不小心，瓷瓶从手里滑落，掉在地上摔了个粉碎。

小春当时就被吓傻了，愣了半天，才想起把碎瓷片打扫干净。晚上，爸爸回来，很快就发现瓷瓶碎了。于是，沉着脸，把小春叫到书房。

来到书房，小春很紧张，生怕爸爸打他。爸爸望了一眼抖抖索索的小春，心想孩子已经知道错了，再怎么责骂瓷瓶也回不来了，心里的气也消了大半。于是语气柔和地说道："你怎么那么不小心，瓷瓶掉地上有没有划到手啊？"

小春一听这话，愣住了，爸爸不但没有打他，而且还问他有没有受伤。想到这，眼泪唰地一下流了下来，哽咽地说道："爸爸，我再也不玩你的宝贝了，对不起！我不是故意的！"

爸爸摸摸小春的头，温和地说："没什么，下次注意就是了！爸爸不怪你！"说完，还教小春怎么把玩瓷器，教他怎么拿瓷器才能有效地防止它们被摔碎。父子俩聊得非常开心。从那以后，小春再也不随便动家里的瓷器，即使想拿出来玩玩，也会按照爸爸教自己的方法，轻拿轻放，小心翼翼。

珍贵的瓷瓶碎了，对于瓷器发烧友的老爸来说是多么痛心的事情啊！但是，跟孩子的健康成长相比，再珍贵的花瓶也显得微不足道。小春爸爸用自己的温和，给了小春反省和改正错误的机会，在批评孩了的过程中，保护了孩子的尊严，尊重了孩子的人格，让孩子觉得自己被尊重，这样才会心甘情愿地改正错误。

中午家里准备吃红烧鱼，酱油刚好用完了，妈妈让璇璇去离家不远的超市去买袋酱油。在看电视的璇璇正看到精彩处，不太愿意去，所以对妈妈的喊声不予理会。妈妈在厨房里喊了好几声，见璇璇都没有回应，火就上来了。

妈妈来到客厅，望着正在盯着电视屏幕目不转睛的璇璇，正要发火，但是看到孩子看得那么出神，也就没有发作，擦擦手，和璇璇肩并肩坐下来一起看电视。

一转眼，半个小时过去了，妈妈一直笑眯眯地陪着璇璇。璇璇虽然跟妈妈僵着不动，一直高兴地看着电视，但是心里却非常紧张，她不知道坐在身边的

妈妈什么时候会发火，臭骂自己一顿。所以虽然眼睛盯着电视屏幕，但是心里早已七上八下，忐忑不安。

一集动画片结束了，璇璇见妈妈还是没有发脾气，硬着头皮主动地说："妈妈，你不是让我去买酱油吗？我马上去啊！"说完立马站起来想逃离这个"恐怖"的现场。

"坐下，妈妈想跟你聊聊！"妈妈声音不大，但是不容商量。

璇璇只好坐了下来，等待着妈妈发火。

妈妈望着紧张的璇璇，顺了口气说道："电视看完了吗？既然妈妈陪你看了那么久的电视，你帮妈妈去买酱油很公平对吧？"

听妈妈这么一说，璇璇如小鸡啄米般不住点头，拿了钱，很快就把酱油买回来了。从那以后，妈妈很少对璇璇大声嚷嚷，当璇璇做错了什么时，只是静静地，不用多少言语，可是这种力量却比大声叫嚷效果好了许多。

俗话说："有理不在声高！"有些父母看到孩子不听话，就以父母之权威大声吼孩子一通，狠狠地批评孩子一顿。璇璇妈妈见璇璇不听自己的话，没有大发雷霆，而是保持一种平和的心态和一种平静的姿态，让孩子随着时间的变化体会到自己的错误，在无声中既保护了孩子的自尊，又树立了自己的权威，这就是通常所说的"不怒自威"。

从上述案例中我们也能够感受到，在教育孩子的过程中，我们可以试着做以下一些改变：

1.保护孩子的自尊——让孩子自己认识到错误。批评孩子时，一定不要让孩子感受到那是对他的一种伤害，而要让孩子知道，爸妈只是在就事论事，跟他们的品质没有关系。同时，要注意保护孩子的自尊，让孩子感受到，即使爸妈在批评他们，也是基于爱他们才那么做的。

2. 坐下来和孩子一起面对——让孩子感受到父母的爱。孩子犯了错误，作为父母，很多情况下关心的是孩子给自己的面子造成了多

大的伤害，关心自己的情绪因为孩子而受到了多大的影响，而不是首先关注孩子的情绪，这是人之常情。但是，在教育孩子的过程中，如果孩子犯了错误，如果我们能首先关注孩子的情绪变化，而去安慰孩子，这样一来既省却了自己的怒气，又能保留孩子的自尊，让孩子感受到父母的爱。有时候，孩子犯了错误，他们也非常紧张，从内心里也渴望获得原谅，如果这时我们不问青红皂白把孩子批评一顿，让孩子的情绪得不到正确顺利的释放，其实对孩子是一种次生的伤害。

3．不要发怒，要威慑——让孩子感受到父母的威慑。发怒可以暂时压制住孩子的错误，但是却不能根治孩子的错误行为。作为父母，要给孩子一种威慑，这种威慑不是发怒，不是大声叫嚷，不是凶巴巴，而是无声的爱。璇璇为了电视的诱惑，不理妈妈，妈妈却并没有发火，只是静静地坐在她的身边，陪着她一起看，孩子笑妈妈也笑。这样的情形，给了璇璇无形的压力，让孩子随时都感受到母亲可能会发怒，这是一种无声的威慑。整个过程中，妈妈很少说话，但是却让璇璇如坐针毡，清醒地认识到自己的错误，并且决心不再犯同样的错误。这才是家教的高境界！

不要上演“南瓜和铁圈的较量”

班里马上就举行期末考试了，浩然的妈妈特地请了假，每天都早回家一点，就是为了监督浩然完成当天的作业。他妈妈几乎每个学期都是这样，平时工作忙，基本上不查看浩然的学业情况，等到老师发了通知说要考试了，才想起孩子还要期末考试！

这天，妈妈和浩然一起做数学作业。有一道题，妈妈讲了三遍，浩然怎么都不明白。失去耐心的妈妈脱口而出：“你怎么那么笨，你看看人家小博怎么学习的啊！从小跟你一起上的幼儿园，现在人家每次都拿班级前五名，可你呢？班级倒数前五名。”说完，揪着浩然的耳朵，让他好好反省一下。然后自

己喝水去了，留下浩然一个人。

浩然觉得非常委屈，心想妈妈从来都是这样，每次陪着自己写作业，只要速度稍微慢一点，就要训斥自己，而且最讨厌的是，每次都要拿自己跟小博比，可是人家爸爸妈妈对小博付出了那么多，妈妈从来都看不到。

望着那该死的数学题，浩然的内心充满恨意。

俗话说："人比人，气死人"，教育孩子的过程中，最忌讳的就是在自己孩子面前夸别的孩子有多么多么聪明，想以此来刺激孩子奋发学习。可是，孩子最怕这样的比较，人之所以会有烦恼，之所以会有不满足，之所以会有成绩高低，不都是比较出来的吗！如果没有比较，就无所谓谁第一谁倒数，那样大家不是都生活得很快乐！但是，残酷的现实逼着家长们像赶小牛犊一样，赶着自己的孩子往前冲，努力争上游。

但是，我们在"逼着"孩子努力向前冲的过程中有没有想过，孩子的能力和智慧是不一样的，同样的问题，有的孩子能够做得很好，有的孩子就难以胜任。比如，小博就很善于攻克奥数题，班里人称"小华罗庚"；而浩然对此却不很灵光。但是，小博也不是完人一个，他的表达就很差，不善言辞，沉默寡言；反之，浩然则是演说高手，还拿过学校演讲比赛的第二名。南瓜是圆形的，可以滚动，铁圈也是圆形的，也可以滚动，但是南瓜和铁圈属于不同的圆形，它们滚动的速度是不同的，不能因为班里有的孩子考了100分，就要求自己的孩子也要考到100分。归根结底一句话，南瓜和铁圈不具备可比性。

下午放学，琳琳刚回到家就把书包往沙发上一扔，"呜呜"地哭了起来。正在厨房烧饭的妈妈见女儿哭得很伤心，放下手中的活，坐到女儿身边询问琳琳发生了什么事情。

见妈妈来安慰自己，琳琳哭得更加伤心了，在妈妈的劝说和安慰下，琳琳才断断续续地道出了哭的原因：原来今天上午，班级举行班委选举，一直是班里文艺委的琳琳想竞选班长一职，可是最后只得到可怜的3票，其中还有一票

是自己投自己的。面对如此情况，琳琳心里接受不了，所以才哭得那么伤心。

知道了女儿伤心的原因，妈妈并没有急着安慰女儿，而是很冷静地问琳琳道："你为什么会觉得自己很委屈呢？"

"我干得那么好，为什么只有两个人支持我当班长啊？"琳琳边擦眼泪边抽泣着说道。

"你干得那么好没错，可那是你当文艺委时的成绩，并不代表你也能干好班长啊！"妈妈认真地帮琳琳分析道。

"我既然能干好文艺委，我就能干好班长！"琳琳理直气壮地辩解道。

听了琳琳地辩解，妈妈心平气和地说道："宝贝，妈妈觉得你不适合当班长。你看，班长要稳重，要有大局观，可是你凭着自己能歌善舞，平时并不把班里同学看在眼里；还有，你平时老是跟同桌闹点小矛盾，让班里同学认为你不好相处，不易接近，因此对你没有好感。就凭着这两点，你离当班长就还有一段距离！"

听了妈妈的分析，琳琳觉得自己平时是有点傲气，好像跟同桌确实吵过几次架，有一次还被老师批评了一顿呢！

看到女儿如有所悟，妈妈趁热打铁地说道："南瓜有南瓜的幸福，铁圈有铁圈的幸福，它们都围绕着自己形成的圆去生活，一样都会收获属于自己的精彩。不做班长，只做文艺委，同样能够给你带来快乐和成功，这样不是很好吗？自己明明就是个可爱的大南瓜，干吗非得把自己逼得像个大铁圈呢？"

听了妈妈的比喻，琳琳会心地笑了。

"南瓜有南瓜的幸福，铁圈有铁圈的幸福，只要围绕着自己的圆生活，一样会收获属于自己的精彩！"妈妈用生动形象的比喻告诉琳琳一个生活中普遍存在的道理：不管你属于什么，只要你按照自己的目标原则去努力，你也一定会找到属于你的精彩。

回到孩子的教育问题上，作为父母，我们也必须要考虑这个问题，那就是让孩子活出自己，让孩子做力所能及的事情，让孩子做适合自己的事情。不要因为张三会几道奥数题，就要自己的孩子也会，

要看到自己孩子歌唱得很好，而张三却有点五音不全；不要因为李四写得一手好作文，就要自己的孩子也发表文章，要看到自己孩子的舞跳得很棒，而李四却连基本的形体基础都没有。能做撑天的柱，就做撑天的柱；能做摇船的橹，就做摇船的橹。

总之，在教育孩子的问题中，我们必须把握一个原则，那就是依据孩子自身的实际情况，给孩子制订适合自己的发展之路。成才之路千万条，唯有适合最好，孩子小的时候，就会展现出某些方面的天赋，这个时机要及时抓住，如果合适，可以送孩子去接受专业的培训，以此来发展孩子的特长。

千万不要跟风似的给孩子报这个辅导班、那个辅导班，要想孩子学习有所收获，获得快乐，就要尊重孩子的自身情况，因材施教。

让孩子纯净的眼睛映射家庭的和谐

新的学期又开学了，小张老师是第一次接手这个班。学生报到那天，她信心满满地站在讲台上，环视一周，清了清嗓子，开始作学期前的动员："同学们，新的学期马上就要开始了，你们已经五年级了，很多道理不用老师多说你们也明白，希望在接下来的学期中，我们师生之间能够紧密配合，共同走好五年级这段学习之路，大家说好不好啊？"

"好！"孩子们几乎是异口同声地答道。

突然，小张老师愣了一下，她观察到坐在靠左第二排的一个男孩子嘴角露出了一丝怪笑，眼睛里充满不屑，这让初次接班的小张老师心里挺不是滋味的。

下课后，小张老师找到了男孩，通过询问知道他叫青。

小张老师望着斜着头看她的青问道："老师刚才观察到你好像不怎么高兴啊？"

"我没有啊！"青昂着头，眼睛里充满了不信任。

小张老师心里觉得很火，但是由于是初次接班，不了解情况，所以也就没

有深究。青走后，她找到原来这个班的班主任，问道："王老师，青怎么是那个眼神啊？好像跟谁有仇似的。"

王老师放下手头的工作，叹了口气，无奈地说道："那是你不了解他的家庭，他爸妈一直在闹离婚，经常打架。他爸爸对青几乎不管，青平时的学习主要是妈妈在管，而青的妈妈对青的教育纯粹是棍棒式的，每次青犯了错误，他妈妈就会挖苦他，说他没有出息。所以造成青的性格很偏激，几乎不信任大人，朋友也不太多。"

听了王老师的话，小张老师决定去家访。跟青的妈妈约好时间，刚到青家门口，就听见里面是青的妈妈在训斥青的声音，大概是因为青回家后不先写作业，只顾着看电视。

一坐下来，青的妈妈就开始唠叨道："我们家青就是不听话，一点出息都没有，每次明明能考100分，可是他总是粗心大意，让我很头疼！"

整个家访大约持续了半个小时，大部分时间是青的妈妈在数落青的各种不是，似乎在她的眼里自己的孩子毫无优点！

眼睛是心灵的窗口，用眼神来识人也是我们经常做的事情之一，比如我们经常会说小偷"贼眉鼠眼"，而一个心地善良的人，其眼神也必定是温和的、友善的。回到孩子的教育问题中来，我们可以发现，透过孩子的眼神可以映射出家庭的环境。上文中的青之所以会在班上表现出那种极为不屑的眼神，跟他平时在家所接触的环境有很大的关系。了解了青家庭的情况后，小张老师决定用自己的方式来感化青，获得他的信任。于是就经常在班上表扬青，用班级的温暖来融化他心里的坚冰，并且经常和青的妈妈沟通青的学习情况，每次都用温和的、表扬的口吻和其交谈，把青的优良表现及时汇报给青的妈妈，并且将青之所以变得桀骜不驯、不信任人的原因告诉青的妈妈，和青的妈妈交朋友，引导她从青的优点出发，多表扬，少批评。

经过努力配合，青的妈妈很少再打骂青了，并且还会经常鼓励青。渐渐地，青的眼睛里那种"浑浊"的东西渐渐消去，代之以温和

纯净的眼神，人也变得活泼开朗起来，班里的同学也愿意和他一起玩了。

和谐、安定的家庭氛围让孩子有安全感，根据马斯洛的需要层次理论，安全的需要是孩子的基本需要，是孩子主动学习和发展自己的基础。当孩子在家里没有安全感时，就会失去对学习的兴趣，也失去交往的欲望，造成孤僻、固执的性格，这对孩子的成长是极为不利的。那么，作为父母，如何努力地营造出一个和谐的家庭氛围，让孩子在学习过程中感受到安全呢?

1．尊重孩子——家庭和谐的必要条件。尊重孩子，让孩子感受到自己是家庭的一位重要成员，自己的意见是受到尊重的，这样才能让孩子感受到父母对自己的爱，感受到安全，才能愉快地学习和成长。

2．愉快游戏——家庭和谐的有效途径。孩子喜欢游戏，可以借助各种各样有趣的、轻松的亲子游戏，和孩子同乐，让孩子感受到家庭和谐，感受到家是温馨的港湾。

3．今天你当家——换一种形式让孩子感受家庭成员的责任。平时，可以尝试让孩子当一天家，让孩子感受作为当家人的辛苦，这样孩子就会对妈妈上了一天班还要回家做饭洗衣服的辛苦有深刻的体会，也会对爸爸夜深了还在伏案工作有更深的理解。当孩子感受到家庭的责任感后，就会对爸妈有时候的生气和急躁能够接受和体谅，不至于造成父母和孩子的对立。

4．家庭会议——家庭民主的必要形式。开家庭会议说起来容易做起来难，只要坚持开下来，坚持家里的大事小情都坐下来一起商量讨论，对孩子的成长是非常有帮助的。家庭会议中，可以讨论家里是否需要置业这样的大事，也可以讨论家里是否出去旅行这样的消费活动，也可以商量孩子的学习情况，用轻松、认真、民主的心态去帮助孩子搞好学习。孩子在这样的氛围下成长，必定也能够获得快乐和智慧。

亲爱的父母们，什么样的家庭环境成就什么样的孩子，如果我们给孩子不良的环境，孩子们也必然会形成不良的品质。敌意中长大的孩子，将来容易好斗逞强；恐惧中长大的孩子，将来容易畏首畏尾；怜悯中长大的孩子，将来容易自怨自艾；体罚中长大的孩子，将来容易产生暴力。而这些不良的家庭环境都会从孩子的眼神中得到印证。

同样，如果给孩子优良的环境，孩子就会形成良好的品格。鼓励中长大的孩子，将来必能充满自信；嘉许中长大的孩子，将来必能爱人爱己；接纳中长大的孩子，将来必能心胸广大；认同中长大的孩子，将来必能掌握目标；分享中长大的孩子，将来必能慷慨大方；诚实公平中长大的孩子，将来必能维护正义真理；安定中长大的孩子，将来必能信任自己、信任别人；友善中长大的孩子，将来必能对世界多一份关怀；祥和中长大的孩子，将来必能有平和的心情。

幽默是法宝，让任性成为手下败将

幽默分很多种，有些人天性洒脱，性格开朗，做人做事皆乐观，这样的幽默是骨子里与生俱来的，这跟父母的影响是分不开的。还有一种幽默是一种逆境中的智慧，当你身处逆境或者困难中，用轻松幽默的心态去面对，也许会豁然开朗，别有洞天。幽默是人际交往中的法宝，如果你懂得幽默，你将会成为受欢迎的人。

小伟，12岁，六年级男生，英俊的面庞，高高的个子，脸蛋圆圆，眼睛大大的，充满喜感。小伟是班里的开心果，不光因为他的外表，更因为他爱搞笑，懂得幽默的个性。

周末，小伟想让爸爸带自己去科技馆参观，爸爸不怎么愿意去，就说："儿子，今天天气那么热，还是别去了吧？"

"不热，不热，我多准备点水呗！"小伟一脸轻松地答道。

"今天是周末，路上肯定车特别多，车肯定很慢哦！"爸爸继续推脱道。

小伟刚要反驳，爸爸又说了好几个理由。这时小伟走过去，拍拍老爸的肩

膀幽默地说道："老同志，只要思想不滑坡，办法总比困难多！"

一句话把爸爸逗得大笑，高兴地陪小伟去了科技馆。

还有一次，学校组织去军训，同学们正在排队去食堂吃饭，有几个同学还没有来，大家都在等着，为了缓解大家焦急、抱怨的情绪，小伟大声说道："同学们，这样好不好，请没来的喊声到，然后给我们唱首歌好不好？"

大家一听有人唱歌马上都附和道："好！"话音刚落，大家马上意识到小伟的幽默，顿时笑了起来。

小伟之所以这么能搞会笑，主要是受老爸的影响。老爸平时沉默寡言，可是一说话就充满着幽默，让人觉得很舒服。而且爸爸总是能够用很轻松的方式和小伟相处，渐渐地，小伟也变得幽默、乐观起来。有一段时间，小伟觉得学习很累，产生厌学情绪，作业老是拖拉，老爸就对他说："苦不苦，想想长征两万五；累不累，想想雷锋董存瑞。"一句幽默的话，把小伟厌学的心拉了回来，重新振作起来，又信心满满地投入到学习中来了！

小伟的爸爸是个可爱的爸爸，他懂得幽默在教育子女过程中的作用，幽默可以接近亲子关系，可以消除父母与孩子之间的隔阂，让父母与孩子顺畅地交流。同时，通过平时轻松幽默式的教育，也可以让孩子养成温和忍让、达观自信的性格，消除孩子任性妄为的个性。那么，作为父母如何在平时的教育过程中，用幽默这种柔和的方式来克服孩子任性的个性呢？

1．幽默是一种心态——用平和的心态对待孩子的错误。当孩子犯错后，家长的第一反应往往是很生气，会指责批评孩子，有的甚至会打骂孩子，批评完了才会想到去询问孩子犯错的原因。其实，在教育孩子的过程中，心态很重要，孩子之所以会犯错误，肯定是有其原因的，想要解决孩子的问题，就必须先弄清楚孩子犯错的原因，这个时候，用平和的心态的去对待孩子的错误就显得尤为重要了。

2．幽默是一种智慧——用温和的方式教育孩子。在孩子的教育过程中，幽默体现家长的教子智慧，当父母与孩子剑拔弩张的时候，

用幽默的方式来化解，可能会取得更好的效果。同时，在孩子犯了一些我们成人看来不应该犯的错误时，也就是我们通常所说的无心之过时，也可以通过幽默的、温和的方式来教育孩子，这样既不至于伤了孩子的自尊心，又达到了教育的效果。

3．幽默是一种需要——让民主和谐的教育氛围弥漫开来。教育孩子的过程中，家长们可以努力做到让生活中处处充满幽默，处处充满阳光，让用幽默的心态来教育子女成为一种内心的需要，就像呼吸一样自然！当孩子犯了一个错误时，第一反应不是生气，而是调整心态，轻松地面对孩子，跟孩子一起分析错误的原因；当孩子遇到困难情绪低落时，第一反应应该是用轻松的心情来化解孩子的不快，让孩子感受父母在自己身边，让孩子感受到事情并没有自己想的那么困难。

4．幽默是一种导向——让孩子在轻松幽默的氛围中快乐成长。幽默表面上只是一种教育手段，实际上它贯穿的是一种乐观精神，一种坚信“明天会更好”的执著，一种精神的导向。家长在教育孩子的过程中，如果能够给孩子营造一种轻松愉悦的环境，让孩子快乐地成长，总比对孩子疾言厉色的好。

5．幽默是一种品质——现代家长必备的素质之一。教育的本质是将孩子培养成为一个积极向上的人，而通向这一目标的途径，一是疾言厉色，一是和声细语，一是幽默风趣。疾言厉色可以威慑孩子，但是对孩子的心理会产生不良的影响，同时也会让孩子产生逆反；和声细语可以保证孩子的内心平静，可是有的孩子却认为这是家长的不作为，因而把父母的话当做耳旁风；幽默风趣的教育方式，是用轻松的方式和孩子进行沟通，是现代家庭教育的良好方式之一。用轻松风趣的方式让孩子得到教化，这样才是教育的理想境界。

沟通，做好这个技术活

沟通是人与人之间、人与群体之间思想与感情的传递和反馈的过程，以求思想达成一致和感情的通畅。沟通是家庭教育中最重要的方式之一，但是在实际生活中我们却常常遇到这样的情况：

不沟通。这是野蛮式教育的一种。

“小羽，这道题的得数明明是2，你为什么写成4啊？”爸爸生气地盯着一脸无辜的小羽愤怒地质问道。

小羽刚要开口，爸爸打断了他的话：“你还犟，你做错了还有理了是吧？”

“我不小心做错的，下次我会注意的！”小羽小心翼翼地说道。

“每次都说下一次、下一次，你有多少个下一次啊？这道题罚抄100遍。”爸爸生气地说道。然后去客厅看电视了，留下默默流泪的小羽。

现实生活中常常会遇到这样的情形，家长为了维护自己的权威，根本不跟孩子进行沟通，不给孩子讲话的机会，只是让孩子像玩偶一样地听从自己的意思。稍有争辩便认为孩子强词夺理，就要狠狠地训斥一番。这样的交流方式绝不是沟通，因为它缺乏基本的民主，对沟通对象缺乏足够的尊重。

伪沟通。这是独裁式教育的一种。现代家庭，野蛮式教育渐渐少了，过去那种父母之命不可违的年代早已久远，但是很多父母骨子里还是对父母的权威有着眷念之心，他们在有心无心地践踏着孩子的自尊。和野蛮教育相对的还有一种教育方式我们也常常见到。

“莉莉，今天有空吗？妈妈想跟你谈谈。”莉莉妈妈柔声对正在看电视的莉莉说道。

莉莉听到妈妈的话，什么话都不说，关掉电视，一副准备受刑的模样。

莉莉妈妈开始了每天的必修课，首先唉声叹气道：“唉，你爸爸去世早，我一个人靠着一个服装小门市，一点一滴做到现在的程度，虽然我们母女俩衣

食无忧了，可是妈妈其中受了多少苦你知道吗？妈妈不希望你怎么怎么样，就希望你能体谅妈妈的辛苦，把心思多用在学习上。”

听了妈妈的话，莉莉站起身来，走向自己的房间，莉莉妈妈见莉莉不理自己，有点生气，提高音量道：“妈妈好声好气跟你说你不听，你是想把妈妈气死啊？一天到晚就知道看电视，你那数学成绩已经掉到那地底下了，就不能多用点心啊？”

莉莉不想听妈妈的唠叨，关上房门，妈妈见莉莉不理自己，感觉很失落：莉莉七岁那年，莉莉爸爸出车祸去世，为了怕莉莉受后爸的气，她愣是没有再找一个伴，把所有的希望都寄托在莉莉身上了。

莉莉妈妈常常用“莉莉，我们来谈谈心好吗？”这种变相的方式，强迫和莉莉进行沟通。岂不知，孩子是有其思想的，他们并不是一张白纸，他们懂得的道理并不一定需要我们耳提面命才能学到，他们需要的沟通方式不是不停地唠叨，而是默默地扶助。但是莉莉妈妈没有认识到这一点，以至于母女两人无法进行沟通。这样看似沟通的方式，其实是“伪沟通”，因为它不具备沟通的最基本的特征，那就是沟通双方的平等。

说到这，很多家长肯定要问，那么什么样的沟通才是真正的沟通，才是有效的沟通呢？其实，沟通，不光是一句口号式的家教宣言，还是一个技巧很强的家教活动。

1．沟通≠训斥——尊重孩子是沟通的必要条件。和孩子进行沟通前，一定要抱着尊重孩子的心态进行沟通，要注意沟通的平等性和民主性原则。不能处处以父母长辈自居，动辄就训斥孩子，这样不利于和孩子有效通畅地沟通。

2．沟通要简洁扼要——沟通不一定需要长篇大论。有些父母认为和孩子沟通，就是给孩子讲一堆大道理，就沟通的影响力来说，沟通的内容占7%，影响最小。因此，和孩子沟通时，不要长篇大论，沟通的内容最好不要超过1分钟，重点把要沟通的事情讲明白即可。

3．肢体语言威力大——注意沟通方式的恰当选择。就沟通方式的影响力来说，肢体语言即动作占55%，影响最大，包括眼神、手势等。恰当地选择和孩子沟通的方式，是达到有效沟通的较好方式。比如，孩子在台上比赛，比较紧张，只要看到妈妈温和的充满鼓励的眼神，就会消除紧张，信心满满地完成比赛。

4．让孩子说话——最好的沟通方法之一。在教育孩子的过程中，沟通的主体是孩子，因此，要想达到高效顺畅的沟通，就必须给孩子说话的机会，让孩子充分表达自己的想法，充分发泄自己的情绪，这样一来，孩子才会心平气和地对父母说话，才能达成顺畅地沟通。

5．让孩子有自由空间——注意沟通的频率。和孩子沟通的次数多少为宜呢？这无法给出一个明确的界定。总之，和孩子沟通要明白两个道理，一个是物极必反的道理，不要以为沟通越多效果越好，如果沟通的方式不对，沟通的效果反而越来越糟糕；另一个道理就是话不说不明。和孩子沟通过程中，不要为了给孩子自由的空间，把很多话攒起来一起说，而不及时地去排解孩子的情绪，这样也会错过沟通的最佳时机。

总之，沟通这项技术活需要我们作为父母的不断学习和提高！

家长太强势，孩子做不了强者

吃过晚饭，闻闻小心翼翼地说："妈妈，我们学校组织野外拓展训练，我想参加。"

"不许去，多危险啊！你要是出点事情，我怎么跟你奶奶交代啊？你可是她的心肝宝贝。"妈妈毫不客气地拒绝了闻闻的要求。

闻闻很失落地回到自己的房间，本来想写作业的，心情却很差，望着数学作业发呆，脑子里空空的，开始胡思乱想。老妈经常这样毫不客气地拒绝自己的要求，自己都有点怀疑到底是不是她亲生的了。记得上次班级组织班干部竞选，闻闻也想试试，回家征求妈妈的意见，妈妈一听闻闻要竞选班干部，立马

沉下脸来，生气地说道："你现在学习任务多重啊，哪还有心思去做那些吃力不讨好的事情啊！你现在最重要的任务就是成绩稳定在前三名，不许掉下来，别的事情就不要去做了。"

闻闻听了妈妈的话很失落。看出儿子失落了，妈妈安慰道："闻闻，妈妈这样做也是为你好，天下哪有妈妈故意为难儿子的啊？妈妈这样做是为了保证你的学习时间，保证你的成绩能够稳固。爸爸妈妈把全部的希望都寄托在你身上了，我们希望你能按照我们给你安排的路走，这样对你是有好处的。"妈妈都这样说了，闻闻还能说什么呢？只能是打消这样的念头。在班级里，他只是个成绩超好的同学，其他方面几乎从不涉及，所以在班上他常常觉得很孤独，每到班级举行晚会之类的活动时，也是闻闻最难受的时候，因为他除了学习什么都不会。记得还有一次圣诞晚会每人要出一个节目，闻闻挖空心思想到一个节目，那就是出题比赛，就是班上同学可以问他任何一道数学题，他都可以答上来。

闻闻此话一出，班级同学都不出声了，大家觉得圣诞晚会就是玩乐的时候，干嘛还要跟学习沾上边啊，所以都拒绝出题，弄得闻闻在台上干站了几分钟，悻悻地下台了。

现在城市家庭的孩子大多数是独生子女，父母们"望子成龙"、"望女成风"心切，从小就对孩子的衣食住行、学习生活采取全包干的态度，孩子只要学习好，其他事情都可以暂缓或者不做，这是很多家长的共同想法。为了让孩子少走弯路，有些急功近利的父母就强势地替代孩子，自行决定孩子可以有哪些需求，不可以有哪些需求，用"亲情"的伪装包裹着孩子，让孩子一味地服从父母。这样做，对锻炼孩子的独立自主能力、应对危机能力和身体素质的提高等等各个方面都是不利的。从上述闻闻的案例中我们得出一个结论：家长太强势，就会打击孩子的自信心，而自信心从来都是强者的专利。那么，在平时的教育过程中，我们该如何教育孩子，帮助孩子提升自信心呢？

1．鼓励孩子——培养孩子自信的必由之路。鼓励是催人奋进的一剂良药，孩子犯了错误，指出孩子错误原因之后，还要从保护孩子积极性的原则出发，对孩子多多鼓励。当然，鼓励不等于一味道好。当孩子犯了错误后，要严肃认真地指出其错误，并且耐心地帮助孩子分析原因寻找对策；当孩子信心不足时，要给孩子打气加油，帮助孩子消除紧张心理。

2．变“我不行”为“我能行”——言语上激发孩子的自信心。很多孩子由于受到不正确的教育，常常以为自己什么都不行，当孩子遇到困难时，他们的第一反应就是“我不行”。比如，有的孩子看到考试卷上的最后一题，想当然地认为很难，认为自己肯定不会做，所以就不做了。孩子的这种不自信是由很多因素造成的。当孩子遇到困难想要退缩时，家长一定要告诉孩子“他能行”，并且在日常的小事中经常教育孩子暗示自己“我能行！”

3．“去参加书法比赛吧！”——给孩子创造增强自信的机会。孩子之所以没有自信，可能是因为孩子某一方面比较弱，受到过打击，进而推论自己什么都不行。针对这样的情况，我们可以有针对性地让孩子在自己的强项上发挥，争取拿到成绩，以此来恢复孩子的自信。比如孩子书法很好，就鼓励孩子去参加书法比赛，这样就可以让孩子在体验书法比赛带来的成功，同时增强自信。

4．给孩子亲身经历的机会——相信孩子，孩子才能更加自信。在孩子的成长过程中，有很多事情可以放手让孩子自己去尝试。比如，平时生活中洗衣服、叠被子等家务活，能让孩子自己完成的就让孩子自己完成；当孩子遇到难题时，要鼓励孩子独立寻找答案，而不是主动告诉其答案；还可以在确保安全的情况下，鼓励孩子和同学一起出去游玩，或者带孩子参加拓展训练，让孩子经受考验，磨练意志，增强信心。

5．表扬要持续——随时巩固孩子的自信。树立孩子的信心需要

一个不断巩固的过程。当父母看到孩子因不断成功而逐步树立起信心时，千万不要以为大功告成，还应不断鼓励孩子，巩固其自信心。孩子只有在不断的鼓励中，通过自己不断的努力才能树立起自信。

在教育子女的过程中，我们可以审视一下自己的行为，为什么自己的孩子遇事就躲，唯唯诺诺，这是否跟自己在家庭中太强势有关系呢？如果有的话，以上内容也许对您有些启发吧！

分清发怒和威严，孩子便不会如同断线风筝

有调查发现，当孩子犯错误时，发火的家长占90%，打骂孩子的高达87%。很多家长，他们在面对自己孩子所犯的错误时，往往是先发一通火，然后批评指责孩子，最后才会安慰孩子。

有一天，敏敏在学校和隔壁班的小冉因为打扫包干区而发生争执，最后两个孩子用笤帚厮打起来，一个孩子牙出血了，另一个孩子眼角受伤了，两个班的班主任见事情比较严重，就分别通知了双方的家长。在老师的调解下，双方家长各自将自己的孩子批评一顿，这事就算过去了。

回到家后，敏敏妈妈越想越生气，自己在单位里好歹也是副处级干部，却被老师叫到办公室一个劲地赔不是，觉得很丢人。再看看敏敏，吃完饭还是不急不忙地看电视，也不知道写作业，敏敏妈妈顿时怒火上升，大声喝道："敏敏，你给我过来！"说完，走上前去揪住敏敏的耳朵，把孩子拖到沙发上开始教训。

妈妈那么大声音，敏敏早就吓哭了，再加上妈妈不断地数落自己，哭得更加厉害了。

敏敏妈妈之所以发怒，是觉得敏敏让自己在老师面前抬不起头来，丢了面子，这样不冷静的自私行为，不会让孩子对自己的错误有深刻的认识，只会增加孩子的恐惧感和对母亲的陌生感，进而对母亲产生不信任，使得亲子之间无法顺畅地沟通。同样的情况，我们再来看看小冉的爸爸是怎么处理的。

接到班主任王老师的电话，小冉爸爸放下手头的工作，跟单位请了假就赶到学校，听了老师的介绍大致知道原因了，两个孩子都有错，双方家长相互之间也都赔礼道歉了。

晚上放学后，爸爸虽然没有提起打架的事情，小冉心里还是很紧张，生怕爸爸会批评自己。吃过晚饭，小冉刚要回自己房间，爸爸叫住了她，小冉心想暴风雨终于要来临了。

在客厅里，小冉坐在爸爸的对面，爸爸看了一下紧张的小冉，柔声地说道："女儿，别紧张，今天爸爸找你谈心并不是要批评你，爸爸想告诉你的是：不管是出于什么原因，同学之间，用打架来解决问题肯定不是好办法，你说是吗？所以，今天的事情，你做错了，你认识到了吗？"

小冉望着慈祥的爸爸，认真地点了点头。

爸爸继续温和地说道："以后再遇到今天这种情况，千万不要急躁，遇到困难要及时寻求老师的帮助，同学之间要谦和友爱，记住了吗？"

小冉继续点头称是。

"去写作业吧！"爸爸平静地说道。

爸爸虽然没有发火，但是从爸爸的眼神中，小冉能够感受到爸爸对自己打架的行为很不高兴，但是爸爸并没有责怪自己，而是告诉自己应该怎么办，小冉从心里感激爸爸。

在教育孩子的过程中，发怒有时是有效果的，但是发怒的最大坏处是两败俱伤，既对自己的身体不好，又伤害了孩子的自尊心，让孩子感受不到父母对自己的爱。在面对孩子所犯的错误时，发怒往往是我们的第一反应，但往往就是这第一反应阻碍了亲子之间和谐地沟通，造成了父母与孩子之间的裂痕，使孩子越来越不信任父母，越来越和父母对立。在实际的教育过程中，我们一定要记住，要"威"不要"怒"。那么，如何才能有效地做到这一点呢？

1．公平正直。为人父母，教育子女必须要做到公平正直，不能因为自己是长辈，就可以随性地处理孩子的问题，让孩子觉得爸爸妈妈对自己不公平；同时，在教育孩子的过程中，也要处处体现正直的一面，不要受自己情绪的变化而改变自己对孩子的态度。跟孩子谈事情，尊重事实，就事论事，努力做到公平公正地处理，这样才会让孩子感受到父母的原则，进而产生对父母的敬畏感，愿意听从父母。

2．自由表达。父母的权威不一定要靠打压来获得，靠打压来体现权威显然对孩子的成长不利。作为父母，在家庭中本来就处于强势地位和主宰地位，这样的情况下，让孩子自由地表达自己的想法，并且努力帮助孩子纠正和完成他们的想法，这样一来，孩子才会在充分自由的表达中对父母产生亲近感、信任感，愿意和父母进行沟通。

3．榜样示范。如何在教育子女的过程中体现自己的权威呢？最好的途径就是给孩子一个榜样的示范。行为的力量是巨大的，孩子从小就在有意无意地向父母学习，父母给他们什么样的示范，孩子就会变成什么样的人。假如父母是个言而无信，说话不算话的人，孩子也会变成轻诺寡信的人。

4．懂的比孩子多。俗话说："亲其师，信其道。"孩子对父母也同样如此，要想做成功的父母，就必须不断地学习，及时地掌握最新资讯，掌握孩子的心理变化，掌握孩子的学习规律。要想给孩子一杯水，父母需要有一桶水。假如有些问题你不是很懂，那就要放下身段，虚心去学习。当孩子觉得父母知道的永远比自己多的时候，就会对父母的言行产生信任感，才愿意听父母的话。

不管怎么说，父母的威严是在平时一点一滴积累起来的，只要我们认真地去想，严肃地去做，父母在孩子面前一定会"不怒自威"。

让爱正确表达，让孩子开心被"管"

父母对孩子的爱是最伟大的爱，也是最无私的爱，从爱的本质上讲是没有区别的，但是爱的表达方式却因人因事各有不同。

学校明天要去军训了，晚上吃过晚饭，越越准备收拾一下军训要带的物

品。刚打开旅行包，妈妈赶紧跑过来说："儿子，你别管了，妈妈待会帮你整理！"

"不，我要自己整理！"越越很果断地拒绝了妈妈。

妈妈见越越说得很坚决，也没有坚持，但是还是不放心，一直在边上看着，不停地叮嘱。

"带点感冒药吧？防止夜里受凉了。"

"那个你最爱吃的饼干你不带点吗？"

"洗发水还是带这瓶小一点的吧？"

……

妈妈在越越整理的过程中几乎是不停嘴，越越被妈妈唠叨得烦了，把行李一扔，冷冷地甩了一句："还是你来吧！"然后就去看电视了！

虽然觉得儿子态度不好，但是考虑到孩子明天就要去军训了，越越妈妈也就忍着不发作了。

第二天送走越越的时候，她趁越越不在家，心想正好帮孩子收拾一下房间，谁知在床底找到一包行李，打开一看，全是昨晚上越越不想带但她硬要塞给儿子的物品。看着一大包被越越扔在床底的物品，越越妈妈无奈地叹了口气。

爱是什么？每个人都有自己的理解，唠叨也是爱，但是孩子们恐怕难以接受这样的爱的方式。一项调查显示，唠叨是孩子们最讨厌的几种家教方式之首。那么当遇到孩子去军训，或者独立出远门的时候，父母正确的爱的表达方式应该是什么呢？

首先，要告诉孩子应该带哪些物品。孩子整理自己的物品前，先和孩子一起讨论该带哪些物品，然后列个清单，清单定下来后，要求孩子自己整理自己的物品。至于某一物品，孩子具体愿意带大一点还是小一点或者其他什么形态的，完全可以由孩子自己做主，或者在商量的时候就跟孩子讲清楚。

其次，简洁地告诉孩子军训的一些注意事项。跟孩子讲军训过程

中注意的问题，要简明扼要，主要是强调安全和文明礼貌。其他事情带队老师和军训教官会负责教育的，不要不放心。

最后，平静地接受孩子独立生活。孩子独立生活是迟早的事情，能够在走上社会之前学会独立生活是件好事情，因此，当获知孩子要去军训后，不要紧张，尽量保持正常的生活节奏，这样更有利于孩子的成长和消除孩子的紧张感。

有一天，牛牛一家和牛牛妈妈的同事吴阿姨一家一起出去吃饭。在去饭店的途中，突然牛牛和妈妈吵了起来，而且声音越来越大，大家都停下来问怎么回事。原来牛牛走到一家商店门口，看到有人吃冰棍，也想吃，非要买。妈妈觉得马上就要吃饭了，而且他最近的肠胃又不太好，就没有同意，所以牛牛就跟妈妈吵起来了。

牛牛可能是见有人过来关心自己，声音更加大了，还生气地把自己背的小书包扔在地上。吴阿姨看牛牛把书包扔在地上了，想去捡起来安慰安慰孩子，却被牛牛妈妈拦下来了。

"让他自己捡起来！你们先走吧！我相信牛牛会处理好自己的事情的！"牛牛妈妈让大家继续走，不要管牛牛。

大家走了，就剩牛牛和妈妈在对峙着。妈妈站在那任由牛牛哭闹，就是不动心。牛牛哭了一会儿，想走，但是妈妈拦住他，非要他把书包捡起来背上。牛牛没办法只好捡起书包，但是妈妈还是不依不饶，坚持要牛牛为刚才的行为道歉。牛牛僵持了好一阵子，觉得妈妈不会放弃自己的原则，所以很认真地向妈妈道了歉。然后妈妈才带着他去饭店和大家汇合。

跟这则案例相似的还有一个很出名的例子，就是一对美国夫妇带着孩子去公园玩，孩子摔倒了，边上的中国老太太想去扶孩子起来，但是美国夫妇拒绝了，他们坚持让孩子自己爬起来。作为父母，坚持孩子的事情自己做，孩子所犯的错误自己承担，看似毫不留情，不懂爱护孩子，其实这才是正确的爱的表达式。不经历挫折怎么见彩虹？作为父母，想让孩子在自己的臂弯里健康快乐地成长没有错，但是孩

子终究有一天是要脱离父母独立生活的，我们可以照顾孩子一时，但是不能照顾他一辈子，只有在孩子还没有走上社会的时候，给孩子必要的磨难，必要的挫折，才能够让孩子在独立尝试中明白生活的真谛，领悟做人的道理。

上述事例中看似父母有强迫孩子的意思，但是这才体现了父母的智慧，因为一旦我们给孩子建立了这样的规矩后，在孩子的心目中就会有这样的印象：父母是坚持原则的，自己做什么事情都不能违背规矩。同时，孩子也会觉得父母是公正的，对父母产生信任感。这样一来，下次孩子再遇到类似的诱惑而产生心理矛盾时，就不会产生那么大的反应，而是愉快地接受父母的劝告，放弃一些不切实际的想法，遵从父母正确的意见。

在教育孩子的过程中，我们往往忽视孩子的接受程度，不考虑孩子是否乐意接受，这样往往会造成孩子的心灵创伤，并且使孩子对父母产生怨恨和不服，使得亲子关系越来越恶劣。如果遇到这样的情况，我们就需要认真地反思一下我们爱的方式了，只有正确地表达爱，孩子才会开心快乐地成长！

第二章

学习——温度太高，小心烫伤孩子

在孩子的教育过程中，父母对孩子的学习成绩最为关注，投入的精力也最多。不管是出于自发地追求孩子高成绩的目的，还是被社会大环境所影响，父母们总是不由自主地要求孩子提高成绩。我们送孩子读好学校，希望孩子考出好成绩，这都无可厚非。但是，作为父母，我们应该考虑到孩子的情绪，考虑给孩子安排那么多学习任务，孩子是否能够承受，是否具备能力，是否乐意去做。把学习这根弦绷得太紧的话，容易让孩子失去学习的兴趣，产生厌学情绪，进而讨厌上学，讨厌一切，消极沉沦。

第二章　学习——温度太高，小心烫伤孩子

学习是主旋律，但不能成为焦点的焦点

学习是学生的天职这本没有错，但是，现在的学生，尤其是小学生，学业负担非常繁重。据有关新闻报道，现在的小学生，从三年级开始，书包的平均重量就已达到6千克，最重的达7.5千克。而相关专家建议，一至三年级的学生，书包重量最好不要超过2．5千克；四至六年级的学生不要超过3．5千克。从书包的重量可以侧面反映出现在的小学生学业负担有多重了。所以，国家最近几年一直在提倡中小学教育要减负增效。

小雅在德国的叔叔回来探亲，住在小雅家。周五晚上，叔叔提出请小雅带自己出去转转，小雅高兴地答应了，但是她对叔叔说："等我写完作业吧！"

"好的！"叔叔愉快地答应了，并在客厅边看电视边等小雅。时间过得真快，一集电视很快放完了，叔叔看看时间，已经过去四十分钟了，小雅还没有写好作业，叔叔就去小雅的房间看看。小雅正在奋笔疾书，看叔叔来了，不好意思地说："我已经加快速度了，还有最后一门英语，马上就搞定了！"

又过了20分钟，小雅才走出房间，叔叔一看都已经八点了，怕出去再回来会耽误小雅休息，就拉着小雅坐下来聊天。

叔叔问："你每天都要写这么长时间的家庭作业吗？"

"嗯，大约一个小时的时间吧！我成绩好，做得比较快，我们班有的同学写作业要写到10点左右呢！"小雅一脸自豪地说道。

"那你喜欢写作业吗？"叔叔继续问道。

小雅说："鬼才喜欢写作业呢！那么多作业，看着都不舒服，我们最快乐的事情就是可以不用写作业！"

小雅的话表达了全国大多数孩子的心声，现在的孩子最怕的就是写作业了，要是哪一天没有作业了，那肯定是他们最开心的日子。

在正常的学习时间里要完成超强度的学习任务这可能是全国性的问题，但是，有些父母为了孩子不输在起跑线上，在孩子的学习之余还要给孩子安排许多额外的学习内容，利用周末、寒暑假进行校外培

训，送孩子去艺术学校学钢琴、绘画，送孩子去学习奥数、外语，孩子的寒暑假几乎变成了“第三学期”。有的孩子在网上留言：“真不想放假，又要做那么多的作业，上那么多的课。”

学习是孩子最主要的任务，是孩子生活的焦点，这本没有错，但是以压倒一切的态度，将孩子课余的玩耍、娱乐时间全部用来学习奥数、外语、钢琴、绘画，这样的做法是不可取的。盲目地、不考虑孩子兴趣和愿望地给孩子安排一些所谓的提高素质的课程，是不科学的，对孩子的学习积极性也会有极大的损伤。

那么，作为父母，在对待孩子学习的问题上，我们该如何做呢?

1．合适的目标——只有合适的才是最好的。孩子要达到什么样的学习成绩，必须根据孩子自身的能力，选择合适的学习目标让孩子努力。孩子明明就不擅长奥数，就不要强迫孩子去奥数班里苦熬了，这样做不但提高不了孩子的成绩，只会让孩子对学习失去信心。

2．不盲目攀比——学习要从孩子的实际出发。现代社会在飞速地发展，而教育资源的分配却没有相应跟上，优质教育资源较少，所以就出现了择校现象。很多家长盲目跟风，让自己的孩子参加名校的辅导班培训，梦想着自己的孩子能够就读名校，这样对孩子日后的发展也有利，自己也颜面有光。可是，很多父母在砸破头想把自己的孩子弄进名校的过程中，却忽视了孩子的实际情况，忽视了孩子的意愿，这对孩子来说，不但不是幸福，反而是一份沉重的心理负担。

3．给孩子休息的时间——劳逸结合效率高。学习之道，张弛有度，搞题海战术是低效的做法，而给孩子报多种课外辅导班，严重挤占孩子休息时间的做法更是不科学的。生活中应该给孩子多一些锻炼、活动的时间，劳逸结合，才能保证孩子的学习效率。

4．学会做人——做人比做学问重要。学习是学生的天职，但是不能一味地追求孩子的学习成绩，而忽视了对孩子正确地做人做事的培养。考再多的分数，如果包藏祸心，不与人为善，不讲礼貌，不体谅

父母，不孝顺长辈，又有什么用呢?

5．去挖野菜也是学习——重新定位学习的含义。有些家长只片面地关注孩子的文化课学习成绩，只关注孩子语文、数学、英语的考试成绩，认为这几门课的成绩好了，孩子就学习好了，其实不然。在小学阶段，最重要的不是给孩子多少知识，而是让孩子在小学阶段养成良好的习惯，比如吃苦耐劳、团结协作等等，这些是对孩子的成长大有裨益的良好品质。所以，经常带孩子去参加社会实践活动，其实也在引导孩子学习，而这种学习对孩子的将来更为重要。

学习成绩重不重要？当然重要，但是不能将之片面地理解为唯一的学习目标，应该在重视学习成绩的基础上，有计划、有目的地引导孩子学会生活、学会生存。

不要说“妈妈这辈子最大的心愿”，你是你他是他

期末考试如期举行，今天是拿成绩册的日子，王萍坚持要陪女儿小满来拿成绩单，她要看看自己一个学期来为女儿操心劳累的收获到底怎么样。

拿到小满的成绩单，王萍的脸立马拉了下来，但是在学校，也没好发作。小满知道自己考得不好，所以，一路上也没敢跟妈妈讲一句话。回到家里，王萍把小满的书包往沙发上一甩，“命令”小满坐下来。

“你知道妈妈这辈子最大的心愿是什么吗？”王萍又开始给小满灌输她的遗憾了。她小时候因为家里穷，兄弟姊妹多，自己又是女儿，所以读书读到高中就不让读了，这辈子最大的遗憾是没有上过大学。

“你这样的成绩怎么考上大学，怎么实现妈妈上大学的梦想啊！”王萍继续生气地说道。而小满已经习惯了妈妈这种暴风骤雨般的批评，低着头，看似很认真地在听，其实心里在盘算周末和同学去书城看书的事情。

妈妈一边说，小满一边在心里说：每次都拿这个教育人，耳朵都听出老茧子了，你的心愿关我什么事情啊！我为什么一定要按照你的想法活着啊！小满这样想着，心里越发地不满，希望这场谈话尽早结束。

王萍根本不知道小满心里有那么多的腹诽，说了一阵说累了，看小满一直低着头，认错态度也不错，就让她去玩了。

如果您的孩子现在上小学，那么您大概是“70后”的家长，您小时候的生活条件可能还比较艰苦，没有那么好的学习条件，可能在学习上有诸多遗憾。所以当您成家立业后，有了自己的孩子，生活富裕起来了，有条件了，就特别希望自己的孩子能够珍惜机会，好好学习，弥补自己的遗憾，做父母的这么想，很正常。但是，在我们想把自己的遗憾在孩子身上弥补回来的时候，我们必须搞清楚一个问题，那就是“你的心愿是你的，不是孩子的！你是你，孩子是孩子！”孩子不是我们的附属品，他们也是有独立人格的人。

可是，在实际的教育过程中，我们经常被这样的情绪和想法左右，不自觉地就拿自己的心愿，自己的艰苦来教育孩子，希望他们听到我们的辛酸和艰苦，能够懂得感恩，懂得珍惜。但是，我们的想法却往往不能如愿，这是为什么呢？主要是因为孩子们没有经历过，没有经历的教育是不深刻的！没有经历，就让孩子去体会父母的艰辛是不现实的！孩子们没经历过艰苦的年代那种连饭都吃不上的感觉，就不会珍惜粮食；不知道辛苦工作挣得不高的工资还要养家糊口，就不会节约用钱。当然，这也不怪孩子，因为年代不同了，物质生活已经大大改善，环境促使我们不能再用老的教育观念来教育孩子了，也不能再把自己的想法强加给孩子。

那么，对于孩子的学习，作为父母，我们到底该如何引导呢？

1．整理书包是孩子自己的事情——培养孩子的责任意识从小事做起。孩子的家庭作业没有带，老师打电话核实，经常会听到家长这样说：“哎呀，昨天孩子学习那么晚，我们看他那么辛苦，就没有让他收拾，第二天早上起来，我们也忘了帮他整理了！”整理书包这种学习上的小事情，本应当孩子自己去做，很多父母却常常大包大揽，有时还替孩子跟老师开脱，其实这样做是不合适的。孩子自己的事情就引导孩子自己去完成，如果没有做好，就要承担相应的后果，这样可以培养孩子的责任意识，增强孩子的责任心。

2．每个学期制订学习目标——引导孩子认真思考自己的学习。每个学期开学前，引导孩子对接下来的学期制订学习目标，帮助孩子分析自己的优势和劣势，当好参谋，帮孩子制订目标。由孩子自己确定学习目标，父母只是起到引导和监督实施的作用。最好不要越俎代庖，替孩子把学习目标制订好了，然后让孩子去实现。

3．优秀不是靠分数来确定的——给孩子一个正确的学习观。有些父母认定孩子是否优秀只看分数，孩子考得好了，就喜笑颜开；考得不好，就严厉批评。甚至有的父母在孩子考了100分时，还冷冷地来一句："这次算你走运，骄傲了，你就会下来的！"还有的孩子数学考试得了95分，比前一次低了3分，妈妈对他说："这样的成绩令我伤心，从来没有低于95分的你怎么会变成这样了呢？"这样以分数论英雄，而看不到孩子努力学习过程的做法，严重地打击了孩子的学习积极性，只能使孩子越来越害怕分数。其实，比分数更重要的是孩子学习的心态和努力的过程，是在学习过程中学习到的做人的态度和做事的方法，这些才是为孩子将来走上社会奠定基础的能力。所以，对待孩子的学习，追求高分没有错，但是必须以适合孩子的身心健康为基础。给孩子宽松的学习环境，孩子定会还我们一个个精彩的瞬间！

4．回到从前——让孩子切身体会父母的辛苦。孩子没有经历过辛苦就难以对父母的诉苦产生共鸣，因此可以利用节假日，带着孩子去农村，去偏远山区，和当地的孩子共同生活一段时间，让孩子过过"苦"日子，让孩子过几天"没有电脑，没有电视，没有游戏，没有肯德基的日子"，让他们体会一下条件差带来的种种不便，这样的经历可以使孩子更加体会父母口中的"辛苦"，父母再教育孩子时，孩子也能够从心里接受，达到教育的效果。

高调说学习，低调去学习——父母不捧书本，孩子如何爱读书

一天，诚诚的爸爸带着诚诚去商场买衣服，来到商场一楼的时候，听到一阵美妙的琴声，循声看去，看到商场一楼的大厅里，摆着一架钢琴，一个跟诚诚一般大小的小女孩正在优雅地弹着钢琴，诚诚爸爸见此情形，无奈地对诚诚说："你看人家弹得多好，你要是能像她一样就好了，从今天起，你那钢琴课要认真上，不许偷懒！"

诚诚被爸爸无缘无故批评一通，本来不错的心情被搅得一团糟。回到家后，吃过晚饭，爸爸就开始发布"命令"了："诚诚，你抓紧时间去写作业，今天该读的《放慢脚步去长大》这本书要看到36页，听到了吗？"

"哦"。诚诚正准备看《铠甲勇士》，被爸爸这么一叫，心里有些不高兴，但是还是慢腾腾地回答道。

把诚诚叫去写作业了，爸爸马上摸过遥控器，赶紧搜台，最近央视一套的《我的美丽人生》是他和诚诚妈妈两个人每晚必看的节目。不一会儿，电视剧时间到了，爸爸兴奋地喊道："老婆，美丽人生到了，快来啊！"妈妈正在厨房收拾，匆匆弄了一下，就跑过来跟爸爸一起看电视了。其间两人有说有笑，大声地谈论剧中的情节。诚诚在书房里听到爸妈的谈论，一点看书的心思都没有了，但是又不想去打扰他们，要不又要被爸爸教育一通："你自己不静下来，即使我们把电视机关了，你照样读不进去！自己的事情要自己处理好，不要处处都怪别人不好！"

在这样的氛围下，诚诚的成绩越来越差，最近的一次单元测验，数学才考了87分，回来后，被爸爸狠狠地"修理"了一番。而在这样嘈杂的环境里，诚诚根本静不下心来，也越来越讨厌学习。

这是一个真实的故事，一个男孩长期处于这样的家庭氛围中，写信给自己最信任的老师来倾诉。生活中，这样"光说不练"的情况还有很多。很多家长对孩子的学习看似抓得很紧，几乎不给孩子喘息的时间，学习期间坚决不许孩子上网、看电视、看漫画书等。可是自

己却经常有意无意地坚持一些在孩子看来并不好的习惯。要想引导孩子热爱学习，营造一个安静、和谐、积极向上的家庭氛围显得尤为重要。有些父母爱吃零食，尤其是妈妈们，这样一来就会带着孩子也爱吃零嘴；有些父母喜欢搓麻，长期耳濡目染，孩子对麻将肯定也特别感兴趣；有些父母喜欢看电视，那么孩子也会受其影响，喜欢坐在电视机旁。父母在生活中的很多小细节都无形中给了孩子极大的影响。那么，要想让孩子在家也安心学习，该如何营造好的家庭氛围呢？

1．给孩子布置一个安静的书房。有条件的话，最好给孩子一个单独的房间作为书房，书房里最好不要放置电器，如电视、电脑等，因为电器的辐射会让孩子心情烦燥。书房的布置要征求孩子的意见，尽量布置得雅致温馨，当孩子置身这样的环境中，心态才能够稳定下来，静心学习。

2．孩子学习的时候调低电视音量或者关闭不看。孩子在书房学习，也有可能受到客厅里电视或者父母聊天谈话的影响，因此，孩子学习期间，尽量调低电视音量并且不要高声谈论。父母需要商量事情，最好回到自己的房间，关起门小声地商量。

3．不要将一些生活习惯暴露在孩子面前。有些父母为了放松，会约一些朋友到家里来打牌或者打麻将，甚至来开Party。这样的做法，必然对孩子的学习造成影响。如果需要约朋友来家玩，最好把孩子送到别的小朋友家，或者趁着孩子上学的时候，或者把朋友约到茶社、棋牌社等场所去玩。总之，为了孩子的学习，适当做一些调整还是有必要的。

4．最好的学习氛围——和孩子一起学习。当孩子学习时，最好能和孩子一起走进书房，孩子在写作业，父母也在边上安静地处理自己的事情，可以看看书，可以总结一下工作。在孩子写作业或者看书的过程中，尽量不要干涉，尽量做到互不干扰。当孩子看到爸爸妈妈能够坚持和自己一起学习，无形中也会增加孩子的学习动力。这样，孩

子感到心理上的安全和温馨，学习起来会更有劲头。

5．“家庭成语接龙”——互动学习更有效。每个周末，可以在家里搞个诸如“成语接龙”这样的互动学习活动，或者亲子阅读体会交流，或者讲故事比赛，或者脑筋急转弯等等游戏，都可以有效地激发孩子的学习积极性，让孩子更加热爱学习。

6．伙伴学习——家庭学习氛围调节的一种。现在的孩子很多都是独生子，在家里，和父母一起游戏，一起学习，终归还是没有脱离父母的怀抱，得不到团队协作、互相谦让等品质的锻炼，因此，可以定期在家里邀请朋友或者邻居家和自己孩子年纪相当的孩子来家里和自己的孩子一起学习。但是，要注意督促孩子的学习效果，不要让这种学习流于形式，反而演变成互相聊天的时刻。因此，不要定期的举行伙伴学习，而是根据孩子的表现，作为奖励的一种，让孩子可以和伙伴有交流学习的机会。这样既可以锻炼孩子与人相处的能力，又可以避免孩子在一起只顾玩耍。

随他去吧——父母对学习冷漠，孩子怎能充满激情

最近，四·2班的班主任李老师发现嘉嘉的作业经常拖拉，于是就拿起电话拨通了嘉嘉妈妈的电话，电话通了有些嘈杂，还断断续续的。得知是李老师的电话，正在菜场卖菜的妈妈一边替顾客称东西，一边跟李老师聊天。得知嘉嘉作业经常拖拉，嘉嘉妈妈不冷不热地说：“李老师，我们家情况你也知道，他爸爸常年在外地，我在菜场做点小生意，我们根本没有时间照顾孩子学习，我们嘉嘉随他去吧！只要在学校里能够平平安安的，我就放心了！”

听了嘉嘉妈妈的话，李老师既理解又不安。嘉嘉其实很懂事，学习成绩也一直不错，但是最近不知怎么了，作业经常出现拖拉现象。为了了解清楚原因，放学后，李老师把嘉嘉请到了自己的办公室，嘉嘉好像知道老师叫自己有什么事，还没等李老师开口，就主动地说：“老师，我错了，我一定认真及时地写作业！”说完，低下头默不作声。

李老师知道嘉嘉有原因，于是就和蔼地说："老师可以原谅你，但是你要告诉老师，为什么这段时间，你的学习热情下降那么多？"

嘉嘉嗫嚅着，不肯说，在李老师殷切眼神的鼓励下，嘉嘉终于吐露了自己的心声，眼里饱含着泪说道："最近，妈妈菜场的生意很不好，她的心情也很差，每天回到家里，我想写作业，她就会让我帮她洗菜、算账什么的，我不想干，她就跟我诉苦！对我学习的事情一点都不关心了！"

知道了嘉嘉作业拖拉的原因，李老师决定去嘉嘉家和嘉嘉妈妈好好聊一聊。

上述事例，我们也许听说过，也许遇到过。很多情形下，生活所迫，家长无法兼顾孩子的学习。但不管生活有多么艰难，既然选择了送孩子读书，就应该关心孩子的学习，不能因为生活挫折导致自己心情差而伤了孩子的心。更让我们不能理解的是，还有这样的情况，家里条件并不差，也对孩子的学习漠不关心，那就是家长心态的问题了，这样的心态是孩子学习动力的最大杀手。

玲玲家在工业园开了一个海绵厂，生活富足。玲玲的爸爸文化程度不高，高中毕业就出来闯荡社会，从白手起家到现在固定资产近千万。他一直认为，读不读书并不重要，只要肯努力，做什么事情都会取得成功，所以，平时对玲玲的学习并不是太在意。他常对周围朋友说的一句话就是："哎呀，女孩子要读那么多书干嘛呀！将来给她找个好女婿就行了！"玲玲在爸爸的"纵容"下，学习也是一直不见起色，处于班级的中下游，自己却一点都不着急。

还有一些家长，自己上学的时候吃了太多的苦，对现在的教育制度和理念并不认同，所以对孩子的学习也就失去信心，对孩子的成绩也总是很满足。

扬扬的妈妈就是这样的人，扬扬是个极聪明的孩子，就是做什么事情都没有耐心，老师找她谈话，她就说："我妈妈对我的分数要求并不高的，只要我开心快乐就好！"一开始还好，到了高年级，学习任务重了，知识点多了，孩子懒散的心态越来越适应不了学习的节奏，成绩也一落千丈，由原来的班级前列退步到班级三十多名。扬扬妈妈一看孩子成绩下来了，又着急了，但是孩子

成绩已经那样了，要想提高，付出的努力不知是原来的多少倍。

父母是孩子第一任老师，也是孩子最信任的人，孩子总是希望能够从父母那里得到身体和心灵的庇佑，希望自己的努力能够获得父母的认同和支持，希望自己遇到的困难能够得到父母的帮助和引导。在这样的情形下，如果我们对孩子学习表现出冷淡、不关心的态度，不但会伤了孩子的心，还会让孩子产生厌学情绪。这是所有做父母的都不愿意见到的事情。那么，针对这样的情况，我们该如何处理呢？

1．鼓励孩子——把生活的辛苦藏在自己的心里。很多名人父母都把生活的艰辛藏在自己的心底不表现给孩子看，就是为了不让孩子受影响，能够专心学习。既然选择让孩子读书，就多鼓励他们吧！让他们看到生活的美好，努力去学习！

2．热爱学习——给孩子做一个爱学习的榜样。没有什么比自己热爱学习更能带动孩子的学习激情了，当孩子面对饱读诗书的父母时，心底里会油然而生一种学习的动力，会有意无意地把父母当做自己的偶像，更加热爱学习的。

3．认真监督——给孩子一种学习的紧迫感。学习是件费时费力的事情，没有一定的毅力是很难坚持下去的。父母除了鼓励孩子，还应该做好监督工作。平时，要认真检查孩子的学习情况，按时检查孩子的作业完成情况，定期和孩子谈心，了解孩子的学习状态，这样孩子就会有一定的紧迫感，从而产生学习的定力，再多加鼓励，孩子就会逐步地爱上学习。

4．及时奖励——给孩子学习的满足感。孩子学习有了进步，要及时给予奖励，奖励不仅是口头形式的表扬，还可以给孩子一些物质奖励。或者给孩子一些比较特别的奖励，比如，成绩好了，可以实现一个愿望，可以得到去参观某一个孩子最想去的地方的机会，或者得到他最喜欢的歌手的演唱会的门票等等，或者把孩子的事迹对外宣传，让孩子获得更多的成就感，激发孩子学习的热情。

到处寻觅专家——学习还是听听孩子自己的意见吧

湘湘的妈妈是个“家庭教育发烧友”，在家做全职太太，空余时间比较多，对湘湘的教育特别关心，特别热衷去听一些报纸杂志上提供的免费教育讲座。这不，下周五有一个上海的教育专家来做讲座，她早就跟主办单位联系，问到哪儿去领票。

前一段时间，她发现湘湘的英语学习出现了问题，非常着急，马上找到一家很有资质的英语教育机构去咨询，要给湘湘报个英语培训班。可是湘湘一点都不愿意去，因为英语培训班要放在周五晚上去上，而周五晚上本来是她和几个好朋友固定的聚会时间。

在妈妈的威逼下，湘湘不得不去上英语培训班。第一天上课回来后，妈妈高兴地问：“女儿，课上得怎么样？肯定很不错吧！这家机构很有名的，我给你找的老师也是他们的骨干老师……”

听着妈妈絮絮叨叨，湘湘有点不耐烦，只是冷冷地小声说：“你又没有上过课，你怎么知道肯定好！”

妈妈听出湘湘的怨气，宽慰孩子道：“女儿，别抱着对立的态度去上课，这样对你成绩的提高没有好处！现在你可能还有点不习惯，慢慢地就会习惯了！”

“那我每周五和同学的聚会怎么办啊？”湘湘还想着自己的同学聚会，那是她一个星期来最快乐最放松的时光。

“那就放在周六周日好了啊！”妈妈随口说道。

“周六我上午要上钢琴课，下午要去学舞蹈，周日上午还要去培训奥数，只有周日下午空闲，可是那个时候我的同学都没有空，我跟谁聚会去啊！”湘湘头头是道地分析给妈妈听。希望妈妈能够网开一面，不让她去上英语培训班。

妈妈听了湘湘的话，觉得湘湘不理解自己的苦心，生气地说道：“你怎么只想到玩啊！英语成绩明显掉下来了，还那么优哉游哉的，妈妈都替你着急！

我看从今以后，同学聚会的事情你就别想了吧！”

听妈妈这么一说，湘湘生气地跑回自己的房间，再也不理她了。

很多学生喜欢选择网络这种方式袒露心声。一位初中生在自己的QQ签名里这样写道：“送孩子去培训班是父母在弥补自己以前无法学这些东西的缺憾。可人生是一场马拉松,一开始冲太快又有什么用?”孩子说，家长总是自以为是，不听听我们的意见，就给我们报这个班那个班，其实有很多班我们并不喜欢，甚至有些讨厌。

我们发现有些家长在对待孩子学习这件事上，并没有给孩子足够的话语权，全是凭着自己的经验和社会环境的迫使而自作主张地安排着孩子的学习。于是，孩子成了学习的机器，寒暑假成了“第三学期”。可是，就像这个孩子说的那样：“人生是一场马拉松赛，一开始冲太快又有什么用？”家长们，这是孩子真实的声音，你们听到了吗?

家长们为什么会自作主张地给孩子安排学习呢？原因大概是这样的：一是觉得孩子太小，辨别能力和选择能力不足以让他们走上正确科学的学习道路；二是家长权威思想作怪，认为自己是父母，是监护人，可以安排孩子的一切，并不一定需要孩子的同意；三是缺乏良好的亲子沟通技巧和机制，凡事没有跟孩子商量决定的习惯和准备。针对这样的情况，建议家长们采取以下做法：

1．家庭谈心会——及时了解孩子的学习动态。每周或者固定的时间，开一次家庭谈心会，鼓励孩子先讲出自己最近一段时间的学习状况，分析一下自己学习的得失。父母要抱着认真倾听、多加鼓励的心态来对待孩子的倾诉，然后帮助孩子分析学习的优势和劣势所在，为孩子下一步的学习提供指导。

2．家庭决策会——孩子的学习孩子做主。当孩子的学习遇到问题，家长觉得需要给孩子提供帮助或者指导时，可以尝试开个家庭决策会。会上，父母先分析道理，让孩子弄清楚自己的问题所在，并且

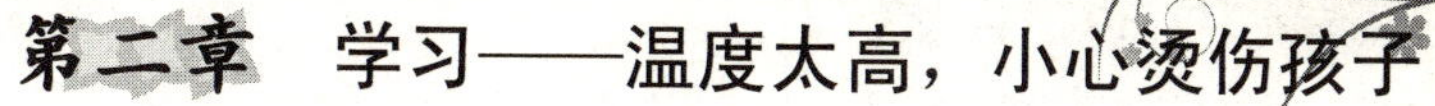

明确告知孩子父母的想法，最后让孩子自己来决定是否需要帮助或者上什么辅导班之类的。如果家长将工作做到位了，相信孩子会有一个正确的、适合自己的选择的。

3．家庭角色互换——给孩子当家作主的机会。孩子有时不配合父母的安排，是因为孩子体会不到父母的苦心，为了能让孩子体会到父母的辛苦，可以尝试角色互换，让孩子当当家长，让孩子体会体会做家长的遇到孩子不听话时的难处。这样一来孩子就会将心比心，重新审视家长跟自己提的每一个要求，一开始不能接受的，也许就会慢慢试着去接受。

4．家庭恳谈会——让孩子承担失败的后果。开家庭决策会的时候，即使家长讲了很多参加辅导班的好处或者学习某一种学习方法的好处，但是孩子因为贪玩或者其他原因，还是否定了家长的意见。那就让孩子尝尝失败的滋味。定期开家庭恳谈会，专门针对孩子决定失误的地方进行批评教育，指出孩子的不足，让孩子认识自己的缺点和错误，帮助孩子减少犯错的可能。

5．家庭表彰会——让孩子获得自主决定的成就感。当孩子因为自主决定而获得成功时，可以开个家庭表彰会，表扬孩子坚持了自己的观点，学会了处理自己的事务，给孩子适当的奖励，激励孩子继续做自主管理的好孩子！

孩子注意力不集中，是谁惹的祸

田田最近上课老是走神，老师提问她时，她站起来支支吾吾地，也不知道该怎么回答。班主任刘老师经常发现田田的眼睛不是黯然无神，就是盯着窗外或者周围其他的同学，要不就是手里不停地摆弄着文具，认真听课的时候很少。刘老师看到这样的现象觉得田田肯定是遇到了什么事情，于是拨通了田田家的电话，电话那头是他们家的保姆秦阿姨接的。

刘老师见是阿姨接的电话，忙问："您好，请问田田的爸爸妈妈在

家吗？”

秦阿姨说：“最近先生和太太很晚才回家，老师您有事可以打他们手机！”

刘老师觉得很奇怪，虽然田田的爸爸妈妈都是大企业的高级职员，平时很忙，但是很少有一段时间都不在家的情况，他们家里肯定是出什么事情了。于是又赶紧拨通了田田妈妈的手机，田田妈妈听是刘老师打来的电话，倒是很客气。刘老师将田田在学校的情况介绍了一下，田田妈妈叹了口气道：“这个孩子怎么回事啊，我们大人本来就一大堆的事情等着处理，她又不乖了。老师您放心，等她回家了，我们肯定教育她。”

听了田田妈妈的话，刘老师赶紧又问：“听您家的阿姨讲，您和田田爸爸最近很晚才回家，这会不会跟孩子上课注意力不集中有关啊？”

田田妈妈回答得很干脆：“不会的，孩子在课上不集中注意力，怎么会跟我们回家晚有关系呢！”

刘老师听了田田妈妈的话，觉得事情还是要了解清楚，就委婉地说：“您还是抽空来学校一趟看看田田吧！把原因弄清楚了对孩子好！”

听了老师的话，田田妈妈匆忙来到了学校，刘老师又找来田田了解情况，田田在老师的鼓励下，终于道出了心声：“最近爸爸妈妈老是吵架，有几次还听到他们说到了离婚，我最怕失去爸爸妈妈了，每天都在担心他们会离婚，所以上课老是心神不宁的！”

知道了田田注意力不集中的原因，田田妈妈也惭愧地低下了头，抱着女儿柔声说道：“田田乖，是爸爸妈妈不好，爸爸妈妈不会离婚的！”

孩子在课上注意力不集中，很多家长都没有意识到可能是由于孩子在家遇到了什么挫折或者困难才会变成这样。所以，当发现孩子注意力不集中的现象时，首先要分析孩子为什么会注意力不集中。孩子注意力不集中，大概有两个方面的因素：

1．生理原因：注意分无意注意和有意注意，3岁以内是以无意注意为主，随着大脑发育水平的提高，有意注意才逐渐发展。越小的孩

子注意的时间越短，注意力越不稳定，经常转移注意力。要想让孩子保持稳定的注意力，家长要注意孩子生理心理发展的特点。有些孩子先天视力、听力不正常，神经系统发育不健全，影响了其注意力的发展。营养不良也是注意力不集中的罪魁祸首之一，如：铁缺乏，缺铁性贫血的孩子临床上容易误诊为多动症；铅中毒也会造成孩子的注意力不集中。另外孩子喜欢喝饮料，可乐、茶、咖啡等这些都含有引起孩子兴奋的物质。

2．外部因素：周围的环境也会影响孩子的注意力。如：孩子在写作业时，父母老是在边上走来走去，随意讲话，就会分散孩子的注意力。

注意力是智能五个因素中很重要的因素。孩子只有注意了，才能学到知识，注意是孩子智慧提高的必要条件。所以俄罗斯教育家乌申斯基曾精辟地指出："注意是我们心灵的惟一门户，意识中的一切，必然都要经过它才能进来。"针对上述种种情况，作为父母，该如何引导孩子的注意力呢?

1．分时段学习——让孩子在规定的时间内分阶段完成学习任务。如果孩子能够专心完成，父母可以给予孩子表扬、爱抚等一定的鼓励，并可以让孩子休息5~10分钟，允许孩子玩他们心爱的玩具或者小游戏等。接下来，再以同样的方式完成下面阶段的学习。当孩子能够做得很好时，可逐步延长一次性集中做题的时间。

2．审题阅读训练——要求孩子在审题的过程中做好笔记。要求孩子把题目的要求、条件用笔勾出来，以防止走神出错。这些都可加强孩子的自信，让他感觉"我能自觉集中精力做好一件事"。审题阅读是让孩子集中注意力的较好的训练方式，既可以锻炼孩子的阅读审题能力，又能让孩子学会专注地做一件事，这对孩子将来的成长是大有好处的事情。

3．做他喜欢的事——平时多鼓励，不干扰孩子做他喜欢做的事

情。当孩子专注于做一件事时，父母切忌干扰孩子，而应耐心地等他把事情完成。要知道，孩子沉浸于他的兴趣的同时就是在无意中培养自己的注意力呢。父母可在孩子做完他们的“工作”之后给予孩子鼓励：“你能这么专注地做好一件事情呀！”

4．减少唠叨和训斥——让孩子感觉到他是时间的主人。父母的唠叨和训斥只会让孩子对相应的事情产生厌烦，专注力更不可能集中。不妨让孩子感受到自己是时间的主人，教孩子学会分配时间。当他在相对短的时间内集中精力做好功课，便有更多的时间做其他事情。孩子学会自己掌控时间，有了成功的感觉，做事会更加自信。

5．营造一个有利于集中注意力的家庭学习环境。环境对培养孩子注意力是非常重要的。孩子的书桌上，只能放书本等相应的学习用品，不可摆放玩具、食品，更不能有电视机、电话等声音干扰。父母也尽可能不在孩子学习时进进出出，大声喧哗。

题目太难，看参考书吧——畏难情绪滋生

下午放学回家，亮亮约芳芳到家里一起写作业，亮亮妈妈听说芳芳要来，也很高兴，芳芳是班上的尖子生，尤其数学特棒，而亮亮正好数学最弱，芳芳来正好可以帮帮亮亮。在妈妈准备水果的时候，芳芳就已经来到他们家了，两个小家伙迅速地到亮亮的房间里坐好，开始认真地写作业。亮亮妈妈想把切好的苹果送进他们的房间，刚走到门口，听到两个孩子在讨论什么，仔细一听，原来是讨论今天的数学习题。于是就等在门口听他们谈话。

“亮亮，你先做这题吧？”芳芳指着作业上的一道填空题说道。

亮亮拿起题目，看了半天，无奈地把题目一摊说：“这道题也太难了吧，待会我看参考书吧！”

芳芳就像一个小老师一样，认真地说：“不行，你仔细读读题，认真想一想，肯定会做的！不要怕困难嘛！”

在芳芳的坚持下，亮亮又看了一会，最后还是放弃了。

芳芳还是不依不饶地要他继续写，亮亮就老大不愿意，两个孩子眼看要吵起来了，亮亮妈妈赶紧推门进来，制止了两个人的争执。

送走了芳芳，亮亮妈妈陷入了沉思，为什么亮亮会这么怕困难呢？这都怪他爸爸，老来得子，从小就对孩子特别溺爱，什么事情都舍不得孩子去做，连吃个鸡蛋都要替孩子把鸡蛋壳剥掉。亮亮现在都八岁了，吃饭时，爸爸有时候还要喂他吃东西。

孩子在学习、成长过程中会遇到许多困难，由于抗挫能力不强，经常会产生畏难、厌学情绪。孩子的畏难情绪并非表现在所有的事情上，往往只是对某件事情，或者是一件事情的某一方面有畏难情绪。由此，我们也可以分析一下孩子产生畏难情绪主要有哪几个方面的原因。一般有以下几种：

1．事情太难，没有兴趣。当孩子遇到一件很难的事情时，心理上就会产生畏难情绪，失去信心。

2．教育不当，挫伤自信。当孩子遇到困难，完成不了一件事时，有的家长明显教育方法不当，认为孩子是偷懒，对孩子严厉批评，甚至动手打孩子，这样不但没有效果，反而强化了孩子的畏难情绪，让孩子对某一件事彻底失去兴趣。

3．没有掌握调节畏难情绪的方法。孩子毕竟还小，心理抗挫能力差，遇到事情往往选择后退，因为他们知道，爸爸妈妈会帮助他们而我们有家长对孩子可能遇到的困难也估计不足，没有及时教给孩子应对困难的方法，任由孩子在畏难情绪中挣扎，而陷入厌学的境地。

孩子产生畏难情绪是很危险的“信号”，因为这表示孩子对某件事不感兴趣，没有了学习的动力，对人和事都会产生偏激的想法，导致其学习成绩下降，情绪失调，影响孩子的身心健康发展。孩子产生畏难情绪主要是失去兴趣所致，而兴趣的消失又主要是教育方法不对头所致。作为孩子的第一任老师，父母在得知孩子有畏难情绪时，要注意做到以下几点：

1．给他鼓励——帮孩子建立自信。当孩子遇到困难时，要有耐心地告诉孩子事情困难的原因，并且指导帮助他一起面对困难，并最终教会孩子克服困难。在孩子克服困难的时候，哪怕孩子取得了一点点的进步，都要及时地给予孩子鼓励，这样才能慢慢恢复孩子的自信心，克服畏难情绪。

2．及时和老师沟通——具体问题具体分析。孩子产生畏难情绪的原因是多种多样的，在学习上产生畏难情绪，要和老师沟通，了解孩子产生畏难情绪的原因是什么，这样才能有针对性地帮助孩子找到克服畏难情绪的方法。

3．期望可及最好——对孩子的期望要适当。在教育过程中，孩子产生畏难情绪往往是由于父母对孩子的期望过高所致，所以，作为父母，对孩子的期望值要适当，不要急于求成。帮助孩子建立明确合理的学习目标，当孩子有了明确的学习目标后，遇到困难就会有动力去克服。

4．授之以渔——对孩子进行适当的指导。人不是一生下来就会应对困难的，孩子之所以会畏惧困难，是因为他们懂得太少，知道的太少，方法太少。人面对陌生的环境或者事物时，本能的都有一种逃避的态度或情绪。所以，要想减少孩子的畏难情绪，作为父母还要经常传授给孩子应对困难的方法。

有关专家指出，孩子养成一种好的习惯要花很长时间，而形成一种坏习惯往往只因一道题、一句话甚至一个眼神。所以，要帮助孩子克服畏难情绪，作为父母首先要摆正自己的心态，平和地对待孩子在成长过程中出现的问题，和孩子一起面对困难。在你平和心态的影响下，孩子一定会重塑信心，克服畏难情绪！

补品堆积如山——别让孩子在心理上承认自己需要药物

小欣妈妈生小欣时，身体不是太好，比较娇弱，所以小欣体质也不是太

好。再加上小欣妈妈在银行工作，爸爸在电力公司当工程师，工作忙、运动少，所以小欣也不怎么爱运动。

小学一二年级还好，学习任务比较轻松，小欣的成绩还处于班级的前列，到了三年级后，学习任务和知识难度加大，小欣瘦弱的身体有点吃不消了。去儿童医院检查，医生建议小欣加强运动，可是爸爸妈妈工作那么忙，哪有时间带孩子去运动啊！所以，就给小欣买了好多营养品，希望能给小欣好好补补。一时间，家里的脑白金、钙片、维生素之类的补品堆积如山，小欣每天上学前，除了吃饭，还要吃一堆补品。

吃了一段时间后，确实好了很多。可是渐渐地，小欣对补品产生了依赖性，只要今天不吃补品，就浑身不舒服，心里特别紧张，生怕自己会晕倒什么的。有一次数学测验，头一天晚上复习晚了，第二天睡过了头，急匆匆起来就往学校赶，结果没有吃补品。开始考试时，小欣突然想起来了，心一下子提到嗓子眼，怕自己坚持不了，结果越想越紧张，考试进行了一个小时左右，小欣实在撑不下去，晕倒了。也就从那时起，小欣再也离不开补品了。

小欣的情况实在令人感到遗憾。孩子体质弱，小欣的父母因为工作忙，没有采纳医生的建议，带着孩子经常锻炼身体，让孩子增强体质，而是采取看似高效实际却害了孩子的方式：给孩子吃补品。结果孩子不但生理上对补品产生依赖性，而且心理方面也离不开补品，明明自己可以做到的事情，只因没有吃补品，就觉得天崩地陷了。出现这样的情况，小欣的父母是要负主要责任的。

让孩子不停地使用补品来帮助其学业，是给孩子的一种消极的心理暗示。心理学家巴甫洛夫认为：暗示是人类最简单、最典型的条件反射。从心理机制上讲，它是一种被主观意愿肯定的假设，不一定有根据，但由于主观上已肯定了它的存在，心理上便竭力趋向于这项内容。在我们教育的过程中，我们常常给孩子一些消极的暗示，比如：总是说孩子很笨，总是责怪孩子不懂礼貌，总是觉得孩子的字写得不好看等。对于孩子某一方面的批评，如果总是频繁地重复，就会给孩

子形成消极的心理暗示，让孩子觉得自己真的是那样的人。

那么在日常的教育过程中，我们该如何引导孩子，避免给孩子消极的心理暗示，尽量给孩子正面的、积极的心理暗示呢?

1．鼓励——给孩子积极暗示的法宝。每个人都喜欢听鼓励的话，鼓励的话能够让人激动，催人奋进，如果我们经常给孩子鼓励，在孩子的心中就会产生积极的心理暗示，增强孩子的学习信心。比如，孩子在平时遇到不会的习题想退缩，这时可以用柔和的眼神鼓励孩子，告诉他们“他能行”。这样积极的暗示会在孩子的心中种下自信的种子，让孩子变成坚强自信的人。

2．激将——孩子有时也需要激发雄心壮志。每个孩子都有自尊心，在充分尊重和鼓励孩子个性的前提下，我们还可以采取激将的办法，让孩子获得前进的动力。

学校体育节要举行踢毽子比赛，选派小雯去参加，可是小雯觉得自己踢不好，会给班级丢脸，妈妈回家就激将她：“你不但踢毽子不行，你干什么事情都不行！你要想证明你自己，就去参加这个比赛试试！”妈妈这么说，让自尊心很强的小雯一下子来了劲，非要去比个好成绩让妈妈瞧瞧，结果还真就拿了个二等奖回来。看着女儿拿回来的奖状，妈妈一脸欣慰，非常满意，自己的激将法又成功了。

3．拥抱——此时无声胜有声。有时候，一个坚实的拥抱比千言万语还管用，因为那代表着一份信任，一份支持和一份依靠。教育孩子过程中，经常给孩子一个温暖的拥抱，会造就孩子积极健康的心理，让孩子在面对挫折时能够更加从容和淡定。

小刚去参加青少年街舞比赛，一大早，匆匆吃过早饭，就来到比赛现场。一共20位选手，小刚最后一个上场。可能是由于等待的时间太长，当小刚上场的时候，突然脑袋一片空白，忘记了好几个动作，被扣了好多分，结果可想而知。比赛结束后，小刚坐在自己的位置上久久不愿起来，在一旁的妈妈什么话都没说，紧紧抱着儿子。一直到小刚自己想通了，站起身来准备回家，妈妈始

终搂着他，给他最坚实的依靠。

4．评语——无声的交流也许更有效。很多情况下，我们教育孩子常用言语、动作或者神情，其实，我们也可以采取写的方式和孩子交流，肯定孩子的付出和成功，给孩子一个积极的心理暗示。当发现孩子遇到困难，感觉用言语不方便交流时，可以采用给孩子写信，写小纸条，或者跟孩子网络聊天等方式，将自己对孩子的鼓励写给孩子看。对孩子来说，这也是一种无声的鼓励，有时比促膝谈心更能起到作用。

5．倾听——给孩子自由表达的空间。有时候，家长往往更多扮演的是指挥官的角色，将家庭的话语权牢牢地抓在自己的手里，很少倾听孩子们的心声。其实，如果我们静下心来仔细倾听一下孩子的心声，就会发现我们有许多做法是需要修正的。为了让孩子拥有能够更加自信和自由表达的空间，作为父母，我们应该做一个好的倾听者，给孩子表达的权力和机会。

第三章

阳光性格从阳光中来

不管是男孩还是女孩，具有阳光的性格和健康的气质都是将来进入社会必备的素质之一。将来的社会，缺少良好的性格和健康的气质将很难立足。对孩子进行性格和气质的培养是每位父母都必须面对的一项重要任务。孩子在未来能否成为做事高效、懂得合作、懂得感恩的人关键在于父母有没有给孩子从小创造良好的家庭环境，给孩子渗透阳光心态。性格决定命运，只有从小就给孩子阳光般的氛围，孩子才能养成阳光般的性格。

第三章 阳光性格从阳光中来

做阳光父母，给孩子一个好榜样

一天，欢欢到妮妮家去玩，两个小家伙玩得正欢，结果妮妮一不小心把家里阳台上的花盆碰倒了，妮妮妈妈一看自己心爱的兰花被碰倒了，非常生气，一把把妮妮拉过来，劈头盖脸地批评起来：“你怎么那么淘气啊！好好的花盆被你打破了！”越说越气，最后干脆朝妮妮的屁股上来了几下！妮妮被妈妈打得直哭，看到妮妮被她妈妈又骂又打，在一旁的欢欢赶紧跑回了自己家。

回家后，欢欢将刚才的事情告诉妈妈，妈妈听了后，摸着欢欢的头，柔声说道：“儿子，以后在一起玩的时候一定要注意一点啊！”宽慰了儿子，欢欢妈妈觉得妮妮妈妈教育孩子的方法有点简单粗暴了，所以从那以后，尽量不让欢欢去妮妮家玩。同时，欢欢妈妈平时对自己的要求也很严格，尽量不在孩子面前发火，凡事都跟孩子讲道理。

还记得欢欢小的时候，一个风和日丽的下午，妈妈带着欢欢去姑妈家做客。吃饭时，一大家子坐在一起，其乐融融，哪知欢欢比较调皮，用筷子随意地拨菜盘子，一不小心把一碗汤给碰倒了。欢欢妈妈非常生气，动手打了欢欢一下，结果欢欢就非常生气并且非常害怕妈妈，从此以后老是说妈妈是坏蛋、是魔鬼，而且变得比较偏执，经常容易动怒。欢欢妈妈也意识到自己有点过分了，所以很后悔，从那以后尽量对欢欢不发火，不动怒，消除欢欢的心理阴影。直到事情过去一两年，欢欢才把那件事给忘了。

通过欢欢的成长经历，我们可以看出，孩子是否有一个阳光的性格，跟孩子的家庭氛围、父母的教育理念有很大的关系。温和、宽容、民主的家庭氛围对孩子成长有这样几个好处：

第一，可以给孩子带来安全感。根据马斯洛的需要层次理论，人较浅层次的需要是安全的需要，当孩子在家庭中有了安全感后，孩子的内心才会健康地成长。所以，作为父母，应该给孩子一个相对宽松、民主的环境。欢欢因为妈妈减少对其发火，让其有安全感而逐渐亲近妈妈，变得开朗乐观就是一个好的例证。

第二，可以给孩子一个轻松的氛围。当孩子身处在宽松、和谐的家庭中，父母对孩子宽容、亲切，孩子就可以有更多的自由空间健康成长。比如，平时在家时，对孩子的一些行为不要动不动就上纲上线，而要努力创造一种轻松和谐的氛围，让孩子在爱的氛围中体会爸妈对自己浓浓的爱意，养成良好的品质。

第三，可以给孩子一个自由的环境。自由对儿童来说非常重要，只有在自由的环境中，孩子才能有自主成长的空间，才能有亲身体验和经历的机会。当孩子得到了自由经历事情的机会后，对事情的理解就会更加深刻，更加清晰，这样对孩子的学习进步、性格养成都是有益的。比如，平时在家里，可以给孩子一些自由活动的时间和自由表达的权利和机会。

既然这样，作为父母，如何做到让家里阳光普照，让孩子生活在阳光的家庭氛围中，从而造就孩子的阳光性格呢？

1．冲动是魔鬼——不要轻易动怒。在孩子的成长过程中，难免会犯错误，也许有许多地方让家长朋友们不如意，但是切记，对孩子的错误发火往往是无济于事的，不但达不到教育的效果，还会让孩子失去安全感，产生对父母的抗拒心理，拉远亲子距离，使得父母与孩子之间的沟通和交流出现障碍。

2．沟通——微笑着和孩子交流。微笑是一种良好的沟通方式，不管是高兴时为孩子庆祝，还是孩子遇到困难时那浅浅的一笑，都是对孩子莫大的鼓励和动力，让我们做一个快乐的、微笑的父母吧，这样孩子们也会跟着高兴快乐起来的！

3．幽默——调节家庭氛围的润滑剂。幽默能令人卸去压力，感到轻松。当孩子成绩下滑时，可以用轻松调侃的话给孩子解除压力，然后再给孩子分析下滑的原因，这样孩子会更容易接受些。当孩子把家里的玻璃杯打碎时，不必急于责怪孩子，可以说：“宝贝，不要紧张，岁岁（碎碎）平安嘛！”这样一说，孩子紧张的心情就会平复下

来，这时再跟孩子讲如何拿玻璃杯的方法，孩子就会容易接受，避免下次再犯同样的错误。

4．快乐的父母——给孩子一个快乐的榜样。就像《家有儿女》里的爸爸一样，在孩子面前，整天都乐呵呵的，即使有了失业的挫折，也不轻易地在孩子面前表现出低落的情绪，而是给孩子们一个坚强、正面的引导。父母是孩子的一面镜子，父母是快乐的，孩子也会跟着快乐，相反，孩子也会变得容易沮丧低落。

5．宽容是福——向孩子展现人性之美。为人处事，严于律己，宽以待人，不因琐碎小事而争执，不因鸡毛蒜皮而吵架，不因小矛盾而与人结怨，生活中，以宽容的心去对待遇到的人和事，给孩子一个良好的示范。

6．民主之门常打开——给孩子自由表达的机会。家庭教育往往表现出家长说教，维护权威，而孩子竭力反抗，不听规劝的情况。要想彻底扭转这样的情况，就必须实行民主管理的办法，让孩子在家中有充分地表达自己观点的机会，比如，想要给孩子报个辅导班，要事先征求孩子的意见，而不要急着做出决定让孩子去执行，这样会让孩子产生叛逆心理。

过分指责孩子的长相或能力，自卑便成了孩子的影子

然然长得很胖，10岁的孩子130多斤，每天上学放学，教室在三楼，中途他要歇三次，不然根本爬不动。因为肥胖，动作也很慢，所以每天写作业时，爸爸老是说他是个“小懒猪！”，妈妈也总是教训他：“你看你为什么这么慢，都是因为你太胖了，不给你吃肉跟要你的命似的！”

因为爸爸妈妈老是说自己太胖了，然然变得很自卑，平时在班上很少主动跟同学说话，也不太敢跟伙伴们交流，至于老师，那是他的“天敌”，一看到老师就自卑，只要看到老师的眼神就觉得老师是在说他：“这个小胖子又胖又笨，真讨厌！”

就这样，然然在这样恶性的循环下，变得越来越脆弱和胆小，而且还特别孤僻。然然的爸爸妈妈也意识到孩子的性格越来越不好，但是并没有意识到是作父母平常老是说孩子又胖又慢，才导致然然心灵上的自卑。

在生活中，这样的事例还真不少，经常看到有的父母对着自己相貌一般孩子说："你看人家长得多漂亮，将来找老婆都好找！你长得又不好看，还不好好学习！"或者有的家长会很谦虚地说："我们家这孩子很笨，钢琴弹到现在还是六级，一点用都没有！"孩子就是在这样不经意的教育细节中变得不自信的。作为孩子最亲近的人，讨论孩子的长相对孩子的影响是巨大的，贬低孩子长相，这不仅是对孩子自信的打击，更重要的是会导致孩子觉得自己不被爱，不配被爱。孩子在小的时候，会认为自己可不可爱、长得漂不漂亮、乖不乖，是妈妈喜不喜欢自己的重要原因。如果妈妈说自己长得不好看，那就是不喜欢自己。于是就会觉得不被爱，会没有安全感，会觉得自己就是一个丑小鸭，不值得爱，然后会嫉妒别人。长大后，可能会发展成两种情况：一种是过度在意自己的外貌，疯狂地追求外貌；另一种就是完全不修饰自己，不爱惜自己，自暴自弃。

同样过分地指责、怀疑孩子的能力，也会让孩子心里产生这样的感觉："爸爸妈妈不爱我了，我的能力真的不行！"当一个孩子放弃自己时，不管什么样的教育都是无效的，而我们却往往在不经意间就摧毁了孩子的自信，让孩子觉得自己是个无用之人，觉得自己干什么都不行，所以他们什么都不想做，讨厌上学，讨厌上课，讨厌写作业。当孩子讨厌学习时，那么成绩自然可想而知！

那么作为父母，如何在生活中避免上述的教育情境，给孩子一个健康积极的引导，让自己的孩子变得自信活泼呢？

1．做第一个告诉孩子优点的人。身为父母，孩子是自己身上掉下来的肉，亲情血浓于水，在每一个父母眼中，自己的孩子永远是最美丽的。作为孩子的第一任老师，父母应该是第一个告诉孩子身上优点

的人，及时地告诉孩子，他有哪些优点，鼓励他发挥自己的优势，积极健康地生活。

2. 放手让孩子自己动手做事。任何人都有自尊和被人尊重的需要，孩子也不例外。而自尊、被人尊重，是产生自信的第一心理动力。美国心理学家戴尔认为：孩子们需要一定的空间去成长，去试验自己的能力，学会如何去应付危险的局势。他说："不要为孩子做任何他们自己可以做的事情。"如果父母过多地为孩子做事，就剥夺了孩子发展自己能力的机会，也就剥夺了孩子的独立与自信。

3. 告诉孩子"你最棒！"态度决定一切，勇于尝试，行动才会有力量。成功学家卡耐基认为，如果你坚持只要最好的，往往都能如愿，生活的快乐与否，完全决定于个人对人和事物的的看法如何，因为 "生活是由思想造成的"。这句话是非常正确的。

4. 用真诚的态度如实地告诉孩子他的长相和能力。当你的孩子确实存在这样或那样的缺陷时，作为父母，要抱着一颗慈爱的、真诚的心告诉孩子真相，并且鼓励孩子，告诉孩子有许许多多的人并不是因为相貌而成功，而是因为他们的智慧。引导孩子做一个有智慧的人，而不必去在意自己的相貌。

5. 教孩子埋葬"我不能"。每一个人都会遇到自己不能做的事情，孩子更是经常会遇到一些不能做到的事情。这时候，如果父母经常对他说"你能行"，给孩子增加信念，就能埋葬孩子经常说 "我不能"的习惯。

6. 培养孩子的特殊才能。特殊的才能可以增强孩子的自信。父母可以根据孩子的兴趣和爱好来培养孩子的一些特长，让孩子通过特长树立信心。比如，有些孩子虽然其他方面不擅长，但却能写一手好字，父母可以让孩子学习书法、钢笔字、毛笔字等，只要孩子有兴趣去学，肯定会做得很好。

7. 随时巩固孩子的自信。树立孩子的信心需要一个不断巩固的过

程。当父母看到孩子因不断成功而逐步树立起信心时，千万不要以为此时就大功告成了，而在不断鼓励孩子，巩固其自信心。孩子只有在不断的鼓励中，通过自己不断的努力，最终树立起自信。

8．和孩子一起成长。孩子的自卑不是一天形成的，而是在不经意的点滴小事中累积起来的。为了锻炼孩子的自信，帮助孩子健康成长，作为父母，可以和孩子一起成长。当孩子遇到困难和挫折时，陪伴在孩子身边跟他一起面对；当孩子因为长相等原因而自卑时，告诉孩子，“还有爸爸妈妈在你身边！”从精神上鼓励孩子振作起来，摆脱自卑！

吓唬而不是鼓励，孩子的胆子怎能变大

妞妞小的时候，爱哭爱闹，妈妈气急了就对她大声喊道：“再哭就把你送给大灰狼啦！”这一喊，还真把妞妞镇住了。从此妈妈好像找到了“秘笈”，每次都用吓唬的方式来制止妞妞哭闹。等到妞妞上幼儿园了，特别怕见生人，陌生人一和她打招呼，她就会躲到妈妈身后。比如在小区里小朋友过来和她打招呼，她就害羞地躲到妈妈身边，如果对方再热情点，她就会拉着大人往回走，不然她就大哭。还有一天，妈妈送妞妞去幼儿园，刚巧碰到楼上的王阿姨，王阿姨看到妞妞，热情地蹲下来说：“妞妞要去幼儿园了吧？”，一句话竟然把她给吓哭了。到了幼儿园，她也不跟别的小朋友一起玩，自己躲在角落里，一个人玩儿。

一开始爸爸妈妈认为孩子还小，等长大一点就好了，可是到了小学阶段，妞妞胆小的个性还是没有改变，反而变得更加孤僻、敏感。平时她很少和班上的同学交谈，放学后第一个跑回家，静静地吃饭写作业。要是爸爸妈妈心情不好，吵架了，声音大了点，妞妞马上就会嚎啕大哭，弄得爸爸妈妈想吵架都吵不起来了。平时家里来客人了，她就躲在爸爸妈妈的后面不敢出来见人，客人要是跟她打招呼，她也不敢理人家，弄得爸爸妈妈和客人都很尴尬。

妞妞的情况令爸妈很着急，于是就带着妞妞去看医生，经过医生

的分析，爸妈才知道妞妞为什么会那么胆小。关于胆小，有这样简单的划分：

一类胆小属于本能反应。所有人面对未知危险、强大对手时都会表现出胆怯、恐惧、退缩、无所适从。这类情况不能定性为胆小，不一定会成为日后性格发展中的问题。

另一类胆小属于相对固定的行为方式，通常是在孩子先天气质的基础上，再加上成长中多次遇到“威胁”刺激，而逐渐形成的一种反射性行为。比如被厉害的小朋友欺负时不能采取适当的反应来保护自己；或者就像妞妞一样，小时候多次被爸妈“威胁”把她送给大灰狼。如此“一而再，再而三”地重复，孩子的行为就呈现出了固定化模式。后一种胆小是需要父母关注的，孩子最初采取的对应行为多是自然反应，如果不加以干预，就会成为行为习惯。一个刺激下的反应有可能泛化到其他情景中。假如一个孩子在外面对其他小朋友“抢玩具”的行为听之任之，那么在家中也会对前来串门的“霸道”小客人一让再让。或者从小爸妈就喜欢用“大老虎”、“大灰狼”之类令孩子恐惧的形象来刺激孩子的话，孩子也会因此在心里产生阴影，变得胆小怕事。这也提醒我们广大的父母，在孩子小的时候不要老是认为孩子不懂事，用“哄、骗、吓”的管教方式来管教孩子，也许就是我们的一次次“恐吓”，埋下了孩子胆小性格的种子。

既然这样，作为父母，如何在教育子女的过程中，管好自己的嘴巴和行为，引导孩子向勇敢、自信的道路上走呢？

1．给孩子温柔的表情和语气。生活中，让孩子感到父母喜欢他、尊重他。态度温和，孩子的感觉就很好，往往就活泼愉快，积极热情，自信心强。温和的行为会让孩子产生安全感，增强抗击恐惧的能力。

2．给孩子一个榜样的示范。创设培养孩子自信心的环境，让孩子在潜移默化中自信起来。平时遇事常对孩子说一些鼓励的话，比如，

"你一定能行"、"你肯定做得不错"。因为孩子的自我评价往往依赖于成人的评价，成人以肯定与坚信的态度对待孩子，孩子就会在幼小的心灵中意识到：别人能做到的，我也能做到。家长在孩子面前应有自信心和乐观的性格，应有魄力，自强，办事不怯懦，为幼儿树立良好的形象，创设良好的精神氛围。

3．还孩子自尊。多赞许，少责备，有助于提高孩子的自尊心，因为有高度自尊心的孩子，对自己所从事的活动往往充满期待但却缺乏自信。家长切忌用尖刻的语言讽刺挖苦孩子；用别家孩子的优势比自家孩子的不足；在别人面前惩罚孩子或不尊重孩子；把孩子的话当"耳旁风"。不滥施权威，以免损伤孩子的自尊心，使之产生自卑感，而丧失自信心。因此要特别注意保护孩子的自尊心，帮助孩子发展自尊感，树立坚定的自信心。

4．给孩子机会让他们获得成功。培养孩子自信心的条件是让孩子不断地获得成功的体验，而过多的失败体验，往往使幼儿对自己的能力产生怀疑。因此，老师、家长应根据孩子的发展特点和个体差异，提出适合其水平的任务和要求，确立一个适当的目标，使其经过努力能够完成。如让他跳一跳，想办法把花篮取下来，从而在不断的成功中培养自信。切忌花篮挂得太高，而实际能力不及，连连失败，致使自信心屡屡受挫。他们需要通过顺利地学会一件事来获得自信。一个在游戏中总做不好的孩子，很难把自己看成是成功的人，他会减少自信心，并由此不愿再去努力。越是不努力，就越是做不好，就会越是不自信，形成恶性循环。成人应通过帮助他们，完成他们想要做的事来消除这种恶性循环。另外，对于缺乏自信心的孩子，要格外关心。如对胆小怯懦的孩子，要有意识地让他们在家里或班级上担任一定的工作，在完成任务的过程中培养大胆自信。

所有东西都为他一个人准备，他有什么理由不霸道

周日，想想在外面上完舞蹈课回家，觉得口渴了，要喝雪碧。可是奶奶翻遍了冰箱也没有找到雪碧，家里只有半瓶可乐了，爷爷跟他讲："想想乖，家里只有可乐了，我们喝可乐好不好？"

"我不，我不，我就不！"想想生气地说道。

奶奶看孙子生气了，立马扬起笑脸，抱着想想，柔声说道："宝贝乖，不生气了啊！奶奶给你买雪碧去！"

奶奶跑到楼下的超市买雪碧，气喘吁吁地回来时，想想一脸地不高兴，生气地说："奶奶，你想把我渴死啊！去了这么久才回来！"

由于想想爸爸是独生子，只有想想这么一个孙子，所以爷爷奶奶非常溺爱他，平时爸爸妈妈要管孩子，说重了，爷爷奶奶就会非常生气。爸爸妈妈见爷爷奶奶身体不好，也不太好跟老人家争执孩子的教育问题，再加上两人常年在外做生意，很少有时间照顾孩子，基本上都是爷爷奶奶照顾想想的饮食起居，所以想想变得非常任性，甚至还有点霸道。平时，在学校里，也经常对同学颐指气使的，还经常欺负他的同桌妮妮，妮妮的文具什么的，他想用就用，妮妮要是不同意，他就打妮妮。为此，妮妮妈妈来学校找老师几次反映情况，好不容易把他和妮妮分开坐了。但和别的同学坐一起，他还是一样欺负人。

班主任多次和想想的爸妈沟通过类似问题，但是都得不到有效的解决。而想想也因为太任性，太霸道，班上的同学十有八九不愿意跟他玩，都孤立他，这样一来，想想觉得很孤单，学习成绩也越来越下滑，上次期末考试，数学只考了49分。

生活中，这样的"小皇帝"、"小公主"还真不少，现在的孩子大多数是独生子女，往往是四个老人、两个家长对着一个孩子，为了孩子能够健康快乐地成长，家长们倾其所有，孩子要什么给什么，只要孩子高兴就好。长期以往，养成孩子养尊处优，目无尊长，游手好闲，没有责任感，缺乏与人分享和团结协作的意识。

家长们为什么会对孩子百依百顺、有求必应呢？冷静想想，我们不难发现这全是家庭教育中父母补偿心理作祟的结果。相关调查显示：怀着补偿心理来教育孩子，父母对孩子就有了过高的期望，过分的溺爱，过多的干涉，过度的保护和过多的指责，这样培养出来的孩子大多无情、无能、无望、无奈及无责任感，这种“爱心”造成的后果极其可怕，甚至可能毁掉孩子一生。

常听家长们说：“我曾经吃苦太多了，现在条件比过去好了，我绝不让我的孩子走我那样艰辛的路”。有的家长朋友自己小时候被忽视、拒绝、惩罚后，内心留下了焦虑、悲伤、恐惧的阴影，当孩子应该被拒绝和批评时，自己便不那样做，怕孩子难受而放任孩子的错误。这就是补偿心理。补偿心理让我们对孩子的种种要求百依百顺，对孩子的种种表现置之不理。结果造就了一个个无理取闹的“小霸王”。既然这样，作为父母，在实际的教育过程中，我们如何调节好自己的心态，引导自己的孩子懂得与人分享，懂得责任呢?

1.“教”和“养”分清楚——理好家庭成员义务关系。孩子的“隔代教养”已成为很多家庭不可回避的现实。有的孩子跟爷爷奶奶生活，有的孩子由外公外婆教育。时闻父辈因孩子的教育与祖辈起争执、生意见，问题大多在祖辈对孩子的偏袒和溺爱上。祖辈们的溺爱加重了孩子的虚荣心，忽视了孩子的精神世界，如求知、好奇、阅读、关心他人、热爱自然等。做父母的要注意与祖辈就孩子的教育问题反复交流和沟通，并明确表达自己的合理要求，以达成共识。

2.人可以分居但亲情不能分——给孩子完整的爱。现代单亲家庭增多，父母因为感情不和等因素毅然决然地离婚了，这对孩子来说可不是件好事情。很多情况下，父母双方出于愧疚，都会顺着依着孩子，这样一来，就造成了孩子的任性。是啊，单亲家庭孩子教育中的补偿心理尤其要警惕。做父母的一定要自己明白，同时让孩子也明白，夫妻分开了，和孩子不住一起了，不等于不爱孩子，爱也不能只

是物质的满足。无论是否与孩子生活在一起，做父母的都要用好自己的爱。

3．合理地给孩子提供物质条件——用好拒绝。有的家长朋友长年在外，因很少和孩子在一起而内疚，于是，回家时给孩子左一包右一袋地买高档玩具、服装和零食，以此求得内心的平衡，其实，这也不可取。生活中，给孩子适当添置一些东西也在情理之中，但我们要明白孩子最需要的是感情。即使不在孩子身边，还是可以经常通过书信、电话、网络等进行沟通，和孩子谈学习、生活及其他；回家后，可以与孩子一起玩游戏、逛街、溜公园或开展他们喜欢的其他活动。

4．教子之道也在松弛有度——定好尺度。教育孩子要宽严合适不苛不纵。有的家长朋友学生时代数学成绩差，现在孩子觉得学数学难，他便“感同身受”，不但不帮孩子找问题想办法，还公开“同情”孩子，受到负面暗示的孩子从此更加不把数学当回事，成绩越来越差。教育孩子时，有时候就需要放下自己的“心”，对孩子严格一点，这样才能造就孩子的责任感。

夸大其词说孩子“你真棒”，孩子自然目空一切

妙妙上幼儿园了，第一天上学，回家后，额头上有一颗小星星，妙妙指着额头上的星星，兴奋地告诉妈妈：“老师说我今天表现好，奖励我的！”

“宝贝，你真棒！妈妈为你骄傲！”妈妈一把把妙妙抱起来，边亲她边高兴地说。

上小学一年级的一天，妈妈正在开会，突然收到一条短信，原来老师告诉她妙妙在学校的舞蹈比赛中获得了三等奖，妈妈那个高兴啊！妙妙放学回家后，第一件事就是兴奋抱起妙妙，在她的小脸颊上左亲又亲的。爷爷奶奶也不甘示弱，都替妙妙高兴。

上小学二年级的时候，妙妙就已经拿到钢琴五级了，为此，妈妈特别高兴，觉得妙妙是弹琴的天才，逢人就夸妙妙聪明能干。

有一次，期末考试，妙妙发挥失误，只考了79分，以为回家肯定会被妈妈一顿批评，谁知妈妈看到妙妙的分数，柔声地妙妙说："乖女儿，你是最棒的，妈妈相信你一定会在下一次取得好成绩的！"

时间长了，家人就会发现，如果不及时给妙妙表扬，或者表扬不能让她满意，她就会非常不高兴，甚至发脾气。尤其令家人担忧的是，习惯了表扬的妙妙，根本无法接受一点点善意的批评。有时候，当她在学习上或者是在生活中有做得不好的地方，妈妈会耐心地提醒她，也会惹得她老大不乐意。后来听老师说，她在学校里也如此。明明是她粗心做错了题，老师点名提醒她，她的反应异乎寻常地激烈，有时候甚至还会哭鼻子。

在妙妙家，总是能够听到"你真棒！"、"你真厉害！"这样的赞美之词，很少看到家人批评孩子。妙妙从小到大，很少听到对自己负面的评价，感觉自己浑身都是优点，时间长了，就有点骄傲自满了。要是有人给她提意见，她就会很生气，要么不理人，要么冷冷地来一句："要你管！"不停地鼓励给妙妙带来好成绩的同时，也助长了她的骄傲自满。而这一切都要归咎于家人对妙妙的过度表扬。

现如今，随着素质教育的稳步推进，赏识教育成为主流的家庭教育手段，但是有很多父母并没有把握好度，有时出现对孩子过度表扬的情况，而对孩子过度表扬，会带来这样几个方面的后果：

第一，助长了孩子不劳而获的思想。父母过度的表扬，会让孩子形成不愿意努力就想得到夸奖的心理。因此，遇到挫折就会退缩，丧失自信心；很多事情，在明明可做的情况下却会选择放弃。家长们的初衷是好的，希望溢美之词可以让孩子振作信心，但是结果往往适得其反。

第二，误导孩子讨父母长辈欢心。过多的表扬还会让孩子错误地认为自己的言行能够讨父母的欢心。久而久之，孩子不管做什么事情，都不是因为自己想做或喜欢做，而是因为这样做能够得到爸爸妈妈的表扬。这样一来，孩子就特别在意别人对自己的看法，时间长

了，就失去了基本的辨别是非的能力和自我意识。

第三，会让孩子滋生骄傲自满情绪。过分的表扬很容易引起孩子的骄傲自满情绪，而孩子一旦骄傲起来，将很难纠正。一些潜质很好的孩子长大以后之所以没能有所成就，正是源于孩子的骄傲自满、狂妄自大。

第四，会给孩子平添几许烦恼。过度的不真实的表扬，孩子有时候也能感受到或者听得出来，当本来不属于自己的表扬，落到了自己的头上，会给孩子无形中产生很大的压力和困扰，形成焦虑。

既然这样，我们如何在教育孩子的过程中，注意运用恰当的表扬呢?

1．实事求是地表扬——是对孩子的一种尊重。孩子作为一个独立的个体，虽然在很大程度上对未知的世界还了解不多，但是他们也有真实知道自己状态的权利和必要，在表扬孩子时，本着尊重事实、实事求是的态度来表扬孩子，不光可以有效地增强孩子的自信心，还是对孩子人格的一种尊重。比如，孩子在学校里拿到了三好学生，不要夸大其词，把孩子捧得老高，应该正常地表扬，并且提醒孩子继续努力。

2．奖罚分明——杜绝不劳而获的不良思想。对孩子的教育不能一味地表扬而没有惩罚，在教育孩子的过程中，奖罚分明很重要。奖励可以让孩子获得信心，惩罚可以让孩子懂得责任。奖罚并用，才是教子之道。比如，孩子在学校跟其他同学打架了，回家后要严厉地告诉孩子用打架来解决问题的方式不好，要注意解决问题的方法，如果确实错在自己的孩子，就要对孩子进行严厉的批评。

3．严格而不严厉——表扬孩子的正确态度。对孩子的表扬并不是简单几句“你真棒”就能解决问题的，对待孩子的成长，作为父母要严格，表扬孩子时，也不能随意地抛出表扬的动作和语言，而要在正式的、尊重的前提下，郑重地对孩子提出表扬，这样才会让孩子对表

扬有一个准确的认识，这样的表扬在孩子心目才是有分量、有影响力的。也才是积极的。

4．“说”不一定最好——表扬方式的正确选择。对孩子的表扬，方式的选择也很重要，根据实情性质的不同和场合的区别，传递不同的表达方式很重要。对孩子的奖励不一定靠语言来完成，有时候一个微笑、一个拥抱、一条短信、一个卡通玩具都是一种很大的鼓励。同时，对孩子的表扬更不要过度体现到物质奖励上，那样会对孩子产生一些不良的影响。此外，表扬孩子也要把握好时机，当孩子的缺点出现转变时，要及时表扬；当孩子好习惯的保持遇到瓶颈时，要及时鼓励；当孩子成绩越来越进步时，要及时给予奖励。

多一份爱心，唤醒孩子内心深处的善良和同情

汶川大地震的阴霾还未散尽，青海的玉树突然又传来噩耗，这天晚上，小伟一家围在一起吃饭，看着新闻，唏嘘不已。爸爸感叹地说：“一方有难八方支援，我们一定要为玉树贡献点力量，小伟，爸爸明天带你去慈善总会捐款怎么样？”

小伟和爸爸对视了一下，会心地点了点头。

第二天，父子俩将1000元钱郑重地交到慈善总会工作人员手里，小伟的心里感觉暖洋洋的。

小伟的爸爸是一名电力工程师，妈妈是商场某家电品牌的代理商，过着比较富足的生活，但是，爸爸妈妈很注意对小伟善良之心的培养。平时，谁家要是有个大事小情的，爸爸妈妈总是很热心地帮助别人。隔壁王奶奶的一双儿女都在国外，很少回来照顾老人，爸爸就经常到王奶奶家去帮着照顾，处久了，两家人亲如一家。爸爸妈妈的一切，小伟都看在眼里，记在心里。前几天，甘肃舟曲又突发泥石流，班里举行捐款，小伟带头将自己上个月发表作文得的50元稿费捐出去了。

孩子是父母的一面镜子，孩子身上的诸多特点都反映出父母平时

对孩子教育的态度和价值观的引导。小伟的父母，在平时本着善良之心，尽自己的能力做一些平凡而善良的事情，无形中影响了小伟，使得孩子在父母的带领下也变得有爱心。而相反，假如父母平时就是一个“事不关己高高挂起”的人，也必然会反映在孩子身上。

同样是对玉树捐款，周一的晨会课上，牛老师特地播放了地震灾区的悲惨图片，班上孩子很受震动，纷纷慷慨解囊，拿出自己的压岁钱、零用钱捐给地震灾区，唯独小昕一分钱也没捐。班主任牛老师很奇怪，小昕家境优越，平时对同学也很大方，不像拿不出钱来捐款的样子。于是，第一节课下课后，牛老师将小昕请到了办公室，问：“马小昕，这次青海玉树发生大地震，我们班同学除了你都捐款了，你可以告诉老师你为什么不捐款吗？”“老师，青海在哪儿啊？我都没听过这地方，关我什么事情啊！我才不捐呢，有钱我买点好吃的多好啊！”小昕理直气壮地说道。

听了小昕的回答，牛老师愣了一下，这些话从一个只有10岁的小学三年级孩子口中说出，她觉得诧异，印象中这是小昕第一次说出这样的话。牛老师没有批评小昕，因为他知道，小昕如此说肯定是有原因的。于是，她拨通了小昕妈妈的电话，听完牛老师的话，小昕妈妈叹了口气说：“我们家儿子什么都好，就是没有爱心，我们平时什么都给他最好的，并且每次都跟他说要有爱心，要关心和爱护弱势的人，但是小昕从来不听，每次宁愿把钱拿去买东西吃，都不愿意付出自己的爱心！”

小昕之所以没有爱心，主要是因为爸爸妈妈虽然经常在口头上提醒孩子要有爱心，却并没有给孩子一个爱心的示范和引导，并没有给孩子机会去尝试献出爱心。父母的爱心之举往往会传递给孩子，而一个没有或者很少有爱心之举的父母，其孩子也往往是缺乏爱心的。

诚然，在每一个做父母的心目中，都希望自己的孩子是一个善良的、有爱心的人。那么，在我们平时的教育过程中，该如何引导孩子做一个有爱心的人呢？

1．带头给灾区捐款——给孩子一个榜样的示范。每当遇到大灾大

难，不忘一方有难八方支援，怀着一颗仁爱的心，做一些力所能及的善事，不光让受灾的人得到救助，也让自己的孩子得到教育。或者，平时遇到有困难的人，尽量伸出援助之手，所谓“赠人玫瑰，手有余香”让孩子在你们的善举中，体会爱心，积累爱的能量。比如，最近几年，我们国家灾难频发，可以利用这样的机会，带着孩子到慈善总会，捐献一点心意，钱不在多，主要是培养孩子的爱心意识。

2. 带着孩子去敬老院——和孩子一起献爱心。除了给孩子亲身的示范，还可以带着孩子一起参与到关爱他人的行动中去。比如，可以带着孩子去敬老院给老人讲故事，陪老人聊天；或者照顾邻居老人，给别人举手之劳的帮助等。

3. 与人为善——人际交往的基本准则。在孩子的教育过程中，教会孩子保护自己，不让自己吃亏的同时，也要引导孩子与人为善，教会他们与人为善的交往准则。遇到事情不要得理不饶人，要学会原谅别人，接受别人真诚的道歉。凡事多换位思考，这样才能让自己处于受人尊重，更好地保护自己的境地。

4. 父慈子孝——让爱的暖流连绵不断。作为家长要赡养、尊重自己的老人，对自己的父母要有责任心和爱心，要经常带着孩子去看爷爷奶奶、外公外婆，要用自己的孝顺行为感化孩子，让孩子也做一个有孝心的孩子。

5. 善良之度——教给孩子区别善意的方法。有些孩子出于保护自己的心理，不管是什么事情都会表现得很紧张、很激动，给人不好相处，甚至比较“坏”的印象。平时可以教给孩子一些区别事情性质的方法，让孩子明白哪些是善意的，哪些是恶意，面对善意时与人为善，面对恶意时保护自己。

6. 带孩子观看爱心影片——从影像中体会爱心。还可以带着孩子一起去看一些反映爱心的电影，比如《把爱传出去》、《爱心》等，让孩子在优秀爱心故事片的感召下，体会爱心，获得爱心的力量，做

一个有爱心的人！

改变孩子斤斤计较的毛病

俄罗斯的教育心理学专家们曾经进行了一项有趣的实验，他们试图弄明白：为什么一些孩子在同龄人中很招人喜欢，而另外一些人则惹人厌恶。为此，他们比较了这两类孩子的智力水平、交际能力以及玩游戏时的首倡能力。经过不断地比较分析，心理学家终于在这些有魅力孩子身上发现了一种常被人忽略的品质——心胸宽阔。

而实际生活中，为什么有的孩子会出现心胸狭窄、斤斤计较的情形呢？这主要跟父母的管教方式有很大关系。

第一，没有机会学会宽容。有些父母非常疼爱孩子，对孩子从小就是百依百顺，逐渐养成孩子“唯我独尊”的小霸王性格，稍有不满意，孩子就会表现出气愤、嫉妒、暴怒等情绪。

小安就是这样的孩子，他爸爸三十八岁才有的他，而且家里是四代单传，平时，爷爷奶奶、外公、外婆四个老人加爸爸妈妈一直围着他转，小安要什么给什么。小时候，爷爷就是小安的大白马，经常在客厅里驮着小安玩，长大了，小安就演变成家里的小皇帝了，所有人都要看他的脸色，稍有不满意就又哭又闹。

第二，没有人让孩子去宽容。现在的孩子多为独生子女，在家里，都是父母长辈宽容对待他们，而有些父母又不注意引导孩子参与伙伴活动，所以，孩子一直处于“孤独”的情形下，没有人让他去宽容，所以一旦他们遇到一些事情时，本能反应就是严厉地对待别人，不顾别人的感受。

小艾很孤独，平时爸爸妈妈经常出差，一走就是两三个月，爷爷去世早，她跟奶奶相依为命。奶奶年纪大了，只能勉强照顾小艾的饮食起居，她担心小艾的安全，很少让小艾出来玩，整天把小艾关在家里头。长期以往，小艾就养成孤僻、冷漠的性格，对很多事情都漠不关心，尤其是对长辈们更是非常冷淡。

孩子变得斤斤计较，还有许多其他原因，比如，孩子“吃一堑长一智”，之前对别人好，对人宽容，却遭受到别人不公正的对待，孩子因此有了心理阴影，所以从此以后对人对事都斤斤计较。当然，还有更重要的原因是，现在有许多父母怕孩子在学校吃亏，所以就给孩子灌输诸如“自扫门前雪”、“事不关己高高挂起”、“人若犯我，我必犯人”等等自我保护的方法，给了孩子人际关系恶劣的心理暗示，造成了孩子喜欢跟人斤斤计较的性格特点。还有，有些父母自己平时就是个斤斤计较的人，常常为买菜少给了几毛钱而在孩子面前沾沾自喜，常常为了一点小事跟人没完没了。这样的行为无形中给了孩子不良的示范，成为造成孩子喜欢斤斤计较的因素之一。

针对上述情况，作为父母，我们如何规范自己的言行，给孩子一个正确的引导，让孩子不再斤斤计较，拥有一个宽广的胸怀呢？

1．拓宽孩子的眼界——眼界宽的人，心胸也宽。定期带孩子出去旅游，欣赏祖国的大好河山；或者在假期让孩子参加夏令营或者报社举办的记者团等，通过旅游、社会实践等活动，拓宽孩子的眼界，开阔孩子的心胸。当然，我们也不一定非要带孩子去远游，平时，只是要带孩子出去走走，逛逛公园，逛逛商场，也能让孩子增长知识，开阔眼界。

2．身体力行——给孩子做一个宽容的好榜样。父母是孩子的第一任老师，我们的一举一动孩子都会看在眼里。要教育孩子心胸宽广，我们自己首先就要做个心胸宽广的人。我们教育孩子要宽以待人、热情待人，对人对事要宽容，不要斤斤计较，那么我们自己是否做到了呢？我们是否让自己的坏心情坏情绪影响到了孩子呢？家长朋友们，很多时候言语的力量是很苍白的，身体力行，润物无声的教育才是最棒的！比如，邻居家孩子每晚练琴声音很吵，我们可以友善地去提醒，或者抱着一个“可怜天下父母心”的态度去对待，而不一定非要闹得脸红，相互争吵不可。

3．阅读浸润心灵——让孩子在阅读中练就宽广的胸怀。书籍是最好的老师，读一本好书就是交了一个好朋友，我们何不让孩子多交几个这样的好朋友呢？好的书籍可以引导孩子如何与人相处，如何与人为善。很多时候，不用我们太多的言语教育，孩子们也会从书中找到答案。

4．家校沟通——和老师一起培养。孩子有很大一部分时间是在学校度过的，孩子心胸的培养，有很多是在学校里完成的。因此，一定要和老师多沟通，及时了解孩子的言行举止，定期跟老师电话交流或者见面沟通，了解孩子的具体情况，并且和老师商量解决问题的办法，及时给予孩子一定的指导和纠正，并且及时跟踪了解孩子改变的情况，做好监督工作。

5．学会包容——教孩子学会与人分享成功。告诉孩子每个人都有优点和缺点，不能因为某一件事情就否定或不喜欢一个人，有宽广胸怀的人将来才能成就大事。引导孩子做富有正义感和同情心的人，要宽容他人。只有在我们精心的培育下，孩子的胸怀才会越来越宽广。

6．宽以待人——教孩子从别人的角度来考虑问题。不管什么时候，父母都可以教孩子学会从别人的角度来考虑问题，让孩子把自己设身处地地放在对方的处境，问自己：要是我处在这样的情况下，会怎么想怎么做呢?这样，孩子往往会看到更多的问题，养成宽容的品格。

父母易怒易发脾气，孩子伤痕难愈

聪聪很小的时候，妈妈就因为受不了爸爸的坏脾气，离家出走了。聪聪爸爸在一家大型化工厂上班，化工厂的效益江河日下，濒临倒闭，一个月起早贪黑，也就拿那么点工资。再加上聪聪爸爸平时脾气不是太好，在厂里人缘也不好，常常受人排挤，所以上班的心情很差，他还爱喝点酒，经常一身酒气回家，而且每天回家都会很晚，很少有时间教育聪聪，聪聪平时主要由爷爷

照顾。

平时，爸爸也不关心孩子的生活和学习，每次聪聪在学校里犯了错，老师打电话跟爸爸商量怎么解决时，他总是很粗鲁地说："我知道了！"

每次被老师"告状"后，回家后，爸爸就把聪聪暴揍一顿了事。平时，要是聪聪在家有哪里做错了，爸爸还经常对他发脾气，数落他："你这个笨蛋，你能做好什么事啊？我看你将来肯定一事无成！"

有一天，是父亲节，老师提醒同学们回家后为爸爸做点事。聪聪回家后，想来想去，决定帮爸爸把最近换下来的衣服洗了，可是他不怎么会用洗衣机，爷爷又正好不在家，所以就用手洗。本来一切顺利的，可是中途有同学打电话给他，他忘了关水龙头了，结果厨房里淹了不少水。爸爸回来后，看到厨房里满是水，非常生气，把已经熟睡的聪聪从床上拖起来，狠狠地揍了一顿。当得知原因时，他还不痛不痒地来一句："你小子，在学习上给我争争气就好了，做这些无用功干嘛！"

作为聪聪的老师，当宋老师从聪聪的日记里看到这样的情形时，感到非常震惊，孩子生活在这样的环境里，心理的阴影也许这辈子都难以愈合了。同时，宋老师也理解了聪聪为什么平时在班上不爱讲话，不愿意和老师交流了。

亲爱的父母们，请您试着回忆一下，您最近一次对孩子发火是什么时候？是因为什么事情？您经常这样对孩子发火吗？您觉得对孩子发火有用吗？有一位老师曾经做过这样的调查，在调查的50位父母中，有半数以上的父母表示最近一次对孩子发火就在一两天前，发火的原因无非是孩子的学习态度和生活中的点滴琐事，有超过70%的父母表示经常对孩子发火且并无效果。当然，我们也可喜地看到，有相当一部分父母能够耐心地跟孩子交流，很少冲孩子发火，有的话也是偶尔为之。当然，根据调查的结果，我们也发现，绝大多数父母对发火给孩子造成的影响，认识还是比较深刻的，常常对孩子发火主要有下面的危害：

首先，对孩子发火让孩子失去安全感。本来孩子最信任的人是父母，如果父母经常对孩子发火的话，会导致孩子在家没有安全感，从而影响孩子的生活和学习状态。

其次，对孩子发火会让孩子感到得不到父母的爱。常常对孩子发火，孩子会认为父母不爱自己，要抛弃自己了，这样一来，孩子就会自暴自弃，放松对自己的要求，一些不良的习惯又会回到他们的身上。

最后，对孩子发火会让孩子觉得父母无能。一旦孩子觉得父母无能，就不会再信任父母，不愿意和爸爸妈妈沟通和交流，造成亲子沟通的缺失，影响家庭教育的成效，最终导致孩子的全面下降。

既然发火对孩子有诸多坏处，那么在平时的教育过程中，我们如何“管”好自己的情绪，不轻易对孩子动怒呢?

1．多鼓励孩子——多看到孩子的优点。凡事都可以换个角度看，孩子把新买的小汽车“大卸八块”，那表示孩子有好奇心，喜欢探索，这样一想，心中的怒气也许会瞬间消下一半。凡事多从鼓励孩子的角度去处理，多看到孩子的优点，就会少对孩子发火。

2．多替孩子想——为孩子的处境考虑。有时候，我们发火是很没有道理的，刚上一年级的小朋友，你要他们很安静地坐着，而且时间长达半个小时，这本来就是违背孩子天性的事情，我们却要为此而对孩子发火，根本没有替孩子着想。假如我们处处都站在孩子的角度上去看，也许孩子的很多行为，我们就会觉得很正常，就不会无缘无故地对孩子发火。

3．不怒自威——用负责的态度去打动孩子。父母是孩子最值得信任的人，在对孩子的教育中，在处理孩子遇到的问题时，要做到公正、公平地对孩子；在处理孩子所犯的错误时，要宽和、负责。这样一来，孩子就会对父母产生敬意，从而让父母在孩子的教育过程中实现“不怒自威”。

4．“超人爸爸”——用自己的学识吸引孩子。有些父母对孩子发火是源于孩子的问题总是那么“难”，总是那么棘手，总是那么让做父母的没面子，所以，往往会利用自己的权威对孩子实行“镇压”。而当我们积聚了足够多的知识和生活经验时，能够随意应对孩子的各种问题时，我们就不会窘迫，不会常常对孩子发火了。

5．“拒绝攀比“——给孩子自由的空间。俗话说：“人比人，气死人！”，很多做父母的对孩子常常发火，是因为跟人家去攀比，看到了别人家的孩子是多么的优秀，多么的出色，而对比自己家的孩子却有那么的“不好”，从而对自己的孩子生气。其实，每个孩子都有自己的特点和优势，我们往往光看到了别人光鲜亮丽的一面，看不到别人默默打拼付出的一面，盲目的攀比带给孩子不愉快的同时，也带给孩子无尽的伤害！所以，建议不要盲目攀比，不要无端对孩子发火。

孩子敏感多疑，给他多一点温暖和爱

小燕是个文静而敏感的女孩，上幼儿园那会，她就特别害羞。上学第一天，爸爸把她送到幼儿园，优哉游哉地往家走，刚走到家，发现小燕居然在客厅里静静地坐着！爸爸很吃惊：这孩子怎么刚到学校就跑回家了呢？

于是，蹲下来，逗自己可爱的小女儿说：“我们家的小燕子，怎么一到学校就飞回家了呀？”

“学校里不好玩，有个男生还欺负我，所以我就趁老师不注意跑回来了！”小燕抱着爸爸委屈地说。

现在小燕上五年级了，敏感的性格不但没有改变，还有些变本加厉。上学期期末考试结束后，同学们都在对答案，唯独小燕站在一旁冷冷看着，她最好的朋友小敏跑过来问：“燕子，你估计你这次数学能考多少分啊？”

小燕看着小敏唧唧喳喳的样子，一脸的不高兴，不冷不热地回一句：“该多少就多少呗！我们说了又不算！”小敏对小燕这种不冷不热的态度很生气，

从那以后，很少跟小燕讲话了。

还有一次，小燕发现爸爸送给自己当生日礼物的钢笔不见了，很生气，马上跑到老师那去告状。班主任郑老师见是小燕，热情地招呼她，她也不理会，站到老师身边委屈地说："老师，我钢笔不见了，肯定是林子雨拿的！"

郑老师问："为什么你断定就是林子雨拿的呢？"

"因为他上次看到我的钢笔，想借去用，我没有借给他，他就把我的钢笔偷了！"小燕还理直气壮地说。

听到了"偷"，郑老师立马沉下脸来，严肃地说："小燕，我提醒你，没有真凭实据可不许诬赖别人！这样的行为我很不欣赏！"

他们正聊着，小燕的奶奶来到办公室，焦急地说："燕子，这是你的钢笔吧？我替你收拾床铺的时候，发现钢笔压在枕头底下，怕你着急用，就给你送来了！"

奶奶一说，小燕立马想起昨晚因为在床上写日记，把钢笔忘在枕头底下了。看到自己的钢笔，再看看郑老师一脸严肃地看着自己，小燕惭愧地低下了头。

郑老师很清楚小燕为什么会这样，主要是因为从小小燕就失去母爱的缘故。小燕五岁那年，爸爸妈妈离婚了，妈妈去了深圳，再也没有回来过。从小就失去妈妈的小燕，性格非常敏感，尽管爸爸对她百般爱护，至今未娶，但是随着年龄的增长，小燕总觉得爸爸一定会给自己找个后妈，会把自己抛弃，所以就把自己封闭起来，不许别人接近自己。

生活中，孩子敏感多疑的原因有很多种，分析起来主要有这样几种情况，一是父母平时关爱少；二是遭遇过家庭变故或者重大打击；三是由于受到同伴攻击，而产生心理阴影；四是爸爸妈妈时时处处关心孩子，让孩子为人处世处处设防，不给孩子独立与人相处的机会，导致孩子无法及时正确地与人沟通，不懂得人际交往，产生敏感多疑现象。总之，不管什么原因，要想解除孩子的敏感和多疑，必须用爱

来溶解。

1．经常和孩子谈心——及时了解孩子的心理状态。平时，我们不光要关注孩子的学习状况，还要及时关心孩子的心理状况。孩子的情绪是否积极向上，直接影响孩子的学习状态和成绩，当我们发现孩子可能会遇到心理上的问题时，要及时地与孩子谈心，帮助孩子化解心中的困惑。

2．鼓励孩子交朋友——给孩子创造人际交往的空间。要让孩子摆脱敏感多疑的状态，可以鼓励孩子多交朋友，多参与人际交往，和老师、同学、伙伴互相沟通，增进了解，这样就不会对身边的人处处设防，从而逐渐减少敏感多疑的行为。

3．带孩子走向户外——社会实践助孩子开阔心胸。平时，可以带孩子到小区里转转，和熟悉的邻居打打招呼、聊聊天；可以带着孩子去公园放风筝，和不认识的小伙伴一起玩，增强与陌生人交流的能力；可以让孩子参加英语角、小记者团等锻炼交际能力的活动，以此来锻炼孩子的胆量，开阔孩子的心胸，避免孩子敏感多疑。

4．溺爱不是爱，是害——给孩子独立成长的空间。作为父母，要端正教育态度，从思想上认识到，溺爱孩子，把孩子当成温室里的花朵，给孩子灌输处处设防的观念，只会造成孩子敏感，多疑的个性。作为父母，要给孩子足够的独立成长的空间，让孩子独立去面对遇到的问题，让孩子在亲身经历中感受人与人之间的情谊，感受到友谊的珍贵，这样才能让孩子不惧怕与人交往，慢慢消除戒备心理，不再那么敏感和多疑。

5．孩子的路让他自己走——处处注意培养孩子的独立性。平时，注意培养孩子坚强的毅力和良好的生活习惯，鼓励孩子去做力所能及的事情，让他们学会自己照顾自己。当孩子遇到困难时，不要一味包办，而要让他们自己想法解决。当然，开始时父母要予以必要的指导，使孩子慢慢学会自己处理各种事，而不能一下子就不问不管使孩

子手足无措，更加敏感。

6．信任比多疑可贵——培养孩子的信任感。处在社会中，与人交往，对人要有起码的信任感，如果患得患失，前怕狼后怕虎，把人性想得那么复杂，孩子必然会多疑和敏感。当然，对人建立信任感也不是盲目的行为，必须建立在对人足够了解的基础上，慢慢地体会与人交往的准则，逐步对人建立信任感，这样才不至于因为盲目地信任而上当受骗。

第四章

放手，能力才能真正属于他自己

温室里的花朵长得娇艳欲滴，可是一旦脱离温室，暴露到风雨中，很快就会枯萎，事实证明，一味地强加保护并不能培育出抵抗风雨的花朵。歌词里唱得好："不经历风雨，怎能见彩虹！"又所谓"不经一番寒彻骨，哪有梅花扑鼻香！"孩子能力的培养，不是靠多少习题，靠多少补习班，靠多少所谓的夏令营就能搞定的，关键还是要学会放手，让孩子们自己去尝试，自己去实践，自己去经历，他们才会真正成长起来！

第四章 放手，能力才能真正属于他自己

不放心也要放手

早上上班，吴老师碰到小林的妈妈，她是学校附近社区诊所的医生，诊所离学校几步之遥，常常会到学校来送东西给小林，加上吴老师曾经带过小林一段时间，所以跟吴老师也熟识。在小林妈妈等小林下课的间隙，他们聊了起来。聊着聊着，就聊到周末的军训。本学期的社会实践，学校安排五六年级同学去军校军训，孩子们一下子炸开了锅，兴奋异常，而家长们却紧张得很。小林妈妈说："我们家小林别看胆子很大，但是从小到大从来没有离开我一天，他自己独立一个人去外面生活，我还真有点不放心！"

由于还有课，吴老师宽慰了几句，就去上课了，也没把这事放在心上，晚上下班回家，忙忙碌碌地把家务事料理完了，好不容易坐到电脑前，开始备课，突然QQ头像一闪一闪，打开一看，原来是教过的学生小悦的妈妈发来的，谈的还是接下来军训的事情。

小悦妈妈："吴老师，周末军训你去不去啊？"

吴老师："我去的！"

小悦妈妈："我们悦悦从来没有离开过我，真不放心她一个人去外面生活！"

吴老师："可是孩子总是要独立生活的啊！父母不可能一辈子照顾她的！"

小悦妈妈："唉，我也知道呀！可是还是不放心！现在能抓在手里就先抓住吧，其他的等以后再说吧！"

吴老师："呵呵，以后是什么时候呢？您总是讲以后以后，可是真的到你们照顾不了她的时候，她又没有学会独立生活该怎么办啊?"

小悦妈妈："老师，您提醒的是，以后是要考虑这个问题了！"

……

现在，很多父母不放心孩子独立做事，究其原因大概有这样几个方面：

首先，对孩子能力认识不足。很多父母总是认为孩子还小，不能适应这，不能适应那，所以，大多数事情都不让孩子来做，都由家长一手包办。其实，这是我们的一个误区，2008年汶川特大地震，瘦弱的小林浩只有9岁，却凭着一己之力将妹妹从死人堆里背了出来，这不得不让我们感叹孩子的力量。有时候，我们只缺乏一个信任，只要给孩子独立展示的机会，也许他们就会还我们一个奇迹。

其次，我们对社会认识偏见。现代社会，尤其是城市里，骗子、小偷有时候很猖獗，很多父母怕自己的孩子有危险，不敢让孩子独立去做什么事情，认为只要自己稍不留神，孩子就有可能被坑蒙拐骗偷，带着有色眼镜看这个社会。诚然，作为父母，为自己的孩子安全考虑，天经地义。但是，我们不能矫枉过正，因为怕社会不安全，就剥夺了孩子独立探索，独立活动的权利。

最后，父母对自己没有信心。很多父母，怕自己管不好孩子，所以时时刻刻都想要孩子出现在自己的面前，受到自己的监控，否则，就觉得孩子会变坏，这不但是对孩子的不尊重，也是对自己的没信心。

不管是出于何种原因，要想锻炼孩子的能力，让孩子迅速成长，作为父母，我们必须对自己"狠"一点，在对待孩子的问题上，有时候，不放心也要放手！既然谈到放手，那么我们该如何做呢？

1."自己去洗澡"——生活事务尽量交给孩子自己完成。平时在家，一些孩子力所能及的事情尽量交给孩子自己去完成。比如，从小就训练孩子自己洗脸、刷牙、洗澡、叠被子、洗衣服等。这些生活中的小事，交给孩子自己去做，在生活细节中训练孩子独立自主的能力。

2."儿子，帮老爸把报纸拿来"——"懒父母"教出勤快孩子。平时在家，除了孩子自己的一些生活事务交给孩子完成，家庭的一些小事情也可以交给孩子来做。比如，让孩子下楼去拿个报纸、牛奶啦，让孩子到隔壁邻居家借个光盘啦等等这些事情交给孩子来做，这样做

看似把自己变成了“懒父母”，实际是有智慧地给孩子创造独立做事、独立生活的机会，对孩子独立自主能力的培养大有裨益！

3．“欢送他去军训”——鼓励孩子去参加集体生活锻炼。小学阶段的孩子由于年龄比较小，除了个别寄宿制学校，绝大多数是住家的，很少有参加集体生活的机会，像军训、夏令营这样的集体活动，可以鼓励孩子多参与，让孩子在参与这些集体活动的过程，锻炼与人交际的能力，团结协作的能力。

4．“周末去同学那玩吧”——鼓励孩子参与伙伴交流。现在的孩子大多数是独生子女，平时很少有机会和同龄的小伙伴一起生活、交流。周末的时候，可以让孩子去找同龄的小伙伴玩，让孩子们在伙伴交流中学会互助、学会体谅，进而增长能力。

5．少一些辅导班——减轻孩子的学习负担很重要。很多孩子因为上这个班那个班，很少有独立的时间，很多父母只关注孩子学习成绩的高低，而不关心孩子能力、素质进步多少，这样做，从长远看，对孩子的成长是不利的。平时，应该尽量给孩子减轻学习负担，孩子不是万能的，无法承担全面发展的重负，即使将来走上社会，孩子也不需要做全才，只要孩子在某一方面钻研，成绩突出，将来肯定会有用武之地的。所以，不要随大流地给孩子报很多艺术班、奥数班、英语班之类的学习班，而应该多关注孩子自主能力的成长！

让孩子学会自己承担

李萍是一所中学的英语老师兼学生处的主任，有一个可爱的女儿小灵，上五年级。有一天，既是老师又是母亲的李萍跟几个同事出去聚会，席间，因为全是教师，难免会讲到学生的事情。李萍首先开口说道：“最近，我遇到了一件值得思考的事情。”

事情是这样的，这天早上，李萍刚到办公室坐下来，有一个男孩就急匆匆地跑到办公室来，也不敲门，只说了句：“我要打电话！”（学生处的电话可

以打外线）也不说原因，直接拿起话机。电话拨通了，孩子开始发飙了，生气地说：“妈，我的作业为什么不在书包里呀？”

电话那头，妈妈好像解释着什么。

男孩不容辩解，抢着说道：“我不管，现在马上要上课了，老师要查作业，你赶紧给我送过来吧！”

说完，挂了电话，还没等李萍反应过来，一溜烟跑没了。

还没等李萍把事情讲完，做小学老师的同学王梦抢着说：“我还以为什么事呢，我经常听到我们学校孩子没大没小地跟家长讲话，要是作业不带，要么就说爸妈没有检查，要么就让爸妈送过来！”

听了的王梦的话，其他的老师也附和着。

大家这么说，更引起了李萍的思考，孩子每天写家庭作业，上学需要带的用具不是应该孩子自己准备的吗？怎么会出现这样的情形呢？自己就从来没有给女儿送过作业本之类的学习用具，也不是小灵自觉，主要是每次打电话来，她都要上班，哪有时间给她送去啊，所以每次她都“冷冷”地来一句：“自己的事情，自己处理！”小灵见妈妈不帮忙，就打电话给爸爸，爸爸也是这样的话。见没了帮助，只好“逼着”自己每天把作业本等学习用具自己整理好，以防遗忘。

孩子为什么会“没大没小”地跟爸妈那样说话，为什么会把忘记带作业本归咎到父母的身上，原因很大一部分出在家长身上。现在的很多父母，太关注孩子的学习，每天回家，只要孩子认认真真把作业写完了就行了，对于整理书包文具，铺床叠被之类的事情根本不让孩子动手，全部由父母包办。久而久之，孩子不但不会整理书包，没有学到自理生活的能力，还养成一个坏习惯，就是习惯性地“推卸”责任。

总结起来，孩子不愿承担责任，主要原因有这样几个方面：

一是父母没有给孩子承担责任的机会。很多情形是我们习惯性地替孩子包办很多，小到每天早上刷牙替孩子挤好牙膏，大到孩子升

学，替孩子安排好学校等。孩子在其成长的过程中，能够自主决定的事情很少，当然也就谈不上有承担责任的意识。

二是没有教会孩子承担责任的方式。对于孩子来说，一开始都没有承担责任的意识，而作为父母又没有及时给孩子必要的引导和训练，孩子当然不知道如何承担责任。

三是父母趋利避害教育的误导，许多父母怕自己的孩子在外面吃亏，所以从小就给孩子灌输“事不关己高高挂起”、“不做出头鸟”的思想，这样对孩子的安全是起到一定的防护作用，但是却可能会培养孩子不敢担当，软弱怕事的性格。

针对这样的情况，作为父母，该如何引导孩子呢?

1.“作业本爸妈不负责整理”——把孩子的事务交还给孩子。生活中，属于孩子的一些事务，要学会放手，交还给孩子。孩子的学习用品自己管理，自己负责，每天提醒孩子整理好学习用具，第二天早上再提醒孩子查看，如果孩子粗心，或不听提醒，就让其承担作业没带的后果。还有孩子房间里的卫生，床铺的整理等，都交给孩子自己完成，以此来引导孩子学会自己的事情自主完成自己负责。

2.“每周要当家庭值日生”——家庭的事让孩子学着做。培养孩子的责任意识，可以从让孩子从自己家庭的事情做起。孩子每周在学校值日，在家里也可以安排孩子每周当一天的值日生。家里的地脏了，如果孩子有空，在他力所能及的前提下，可以让他清扫；休息日可以让孩子到社区超市里买酱油、食盐等生活用品。应该说，只要父母有这方面的意识,到处都有教育的资源。只有当孩子真正参与了家庭生活，他才会明白自己是家庭中的一员，才会对家庭产生自然的、不可推却的责任感。

3.“既然班里没有人愿意参加，你就试试去吧！”——鼓励孩子承担责任。孩子在学校遇到事情，可以鼓励孩子参加。比如，班级还缺一个劳动委，很多孩子都觉得这活脏和累，不愿意承担，这时不如引

导自己的孩子承担，这样既可以锻炼孩子的责任意识，也可以为孩子树立信心。

4.“情感交流也重要”——多和孩子进行思想、情感的交流和沟通。平时，家长要充分相信孩子，在适当的时候可以向他倾诉某些成人社会的烦恼和困惑，使孩子学会关心和理解父母并愿意为父母分担忧愁。而父母也应该在适当的时候欣赏和表扬孩子的这种懂事行为，并主动倾听、适当采纳他的建议，这样做有助于培养和激发孩子的责任感。

5．身教重于言传——给孩子一个好的示范。榜样的力量是无穷的，父母的亲身示范，对孩子的责任意识的培养是最好的方法。父母可以通过一件件具体的事例，告诉孩子什么是责任。比如，父母在自己的工作上一身正气，敢作敢当；父母待人接物不卑不亢，有理有节。这些行为都会影响孩子形成责任意识。

孩子拖拉，不要再没有效果地提醒

一天，菁菁妈妈到老同学周欣家去玩，碰巧他们家也有一个上五年级的女儿，两个母亲到一起，话题基本上都是孩子。

谈到菁菁的学习，菁菁妈妈叹了口气说道：“最近我们家菁菁做作业老是拖拖拉拉！作业要写到晚上九点多才能完成！”

周欣接过话茬：“我们家毛毛有段时间也是这样，做事拖拉，提醒还不管用，有时候被她气急了，就揍她一顿！但是还是不管用！”

“我很困惑，菁菁这孩子为什么总是会拖拖拉拉！上个月我出差十几天，回家后就变成这样了！”菁菁妈妈继续说道。

“嗯，平时你们家菁菁的饮食起居、学习等事情都是你照顾的，她爸爸在家又不怎么会，估计是这段时间心态懒下来了。”周欣帮着分析道。

“我以为菁菁自理能力已经很强了啊，没想到少了提醒还是不行！”菁菁妈妈叹了口气说道。

很多父母都有这样的烦恼，孩子做事老是拖拖拉拉的，需要不停地提醒，有时时间紧了，不得不亲自动手帮着他们一起做才能把事情做好，菁菁妈妈平时就是这么负责菁菁的学习的。所以，一旦菁菁离开了妈妈的提醒，失去外界的提醒“刺激”，拖拉的毛病又会回来。仔细分析，孩子之所以会拖拉，主要这样几方面的原因：

第一，孩子没有时间观念。俗话说：“时间就是生命。能够管理自己的时间，就是掌握自己的生命。”生活中的方方面面都可以培养孩子的自制力，让孩子学会管理自己的时间就是其中的一个方面。孩子还小，对时间的把握不够准确，再加上孩子爱玩的天性，经常会出现掌握不好时间的情况：明明半个小时的作业却要一两个小时才能完成，明明两分钟就可以搞定的事情，非要弄个大半天的。

第二，外界环境的诱惑太大。孩子为什么写作业、做事情会拖拉，还因为有时外界给孩子的诱惑太大。比如，孩子在写作业时，电视里正放喜欢的动画片，孩子就会不由自主地走神；或者孩子的面前有刚买的玩具，边写作业边惦记着怎么玩，就会拖拉了。

第三，父母提醒不到位。很多父母对于孩子拖拉，只是流于口头警告，或者揪耳朵的形式，提醒孩子时往往带有惩罚性，并没有实质地指出孩子拖拉的原因，并且告诉孩子如何有效地管理好时间，高效地完成事情的方法，所以，父母的提醒往往是无效的。

第四，孩子的紧迫感、责任感弱。很多孩子，让其做事情，因其没有责任意识，没有认识到事情推迟完成的严重性，才导致做起事来不紧不慢，拖拖拉拉。

第五，父母时间安排紧，孩子产生逆反。现在有很多父母，怕孩子输在起跑线上，每天都给孩子安排了很多的事情，比如规定孩子每天必须在什么时间完成什么事情，完成了接着做下一件事，周末也安排得满满的，孩子有时候承受不了，不愿意做下面的事情，就会以消极怠工，拖拖拉拉来对抗父母的“无理安排”。

针对上述情况，作为父母，我们该如何引导孩子，让他们做一个懂得自我约束、自我管理、做事高效的好孩子呢?

1．和孩子一起制订每天的作息时间表。为了培养孩子有时间观念，不再拖拉，可以和孩子一起制订一个每日作息时间表，将每个时段要做的事情列出来，贴在家里比较显眼的位置，提醒孩子按照表格执行。当然，必须要说明的是，时间表的制订一定要尊重孩子的意愿，不能一厢情愿地替孩子安排好时间，这样容易引起孩子的逆反心理，反而会助长孩子的拖拉作风。

2．适当减轻孩子的负担。有时候孩子拖拉是因为他们知道，做完了一件事，下面还有没完没了的事情，写了数学题，下面还有作文，还有钢琴课，还有很多很多的课要上。他们觉得太累了，负担太重了，所以他们就会变得消极，以做事拖拉来对抗爸妈的安排，因为有的孩子知道，熬到了一定的时间，错过了点，就可以取消学习下一个学习任务。因此，建议父母们适当减轻孩子的负担，让孩子轻松起来，这样孩子才能高效做事。

3．做事有顺序有计划。让孩子每天先写下一天里都要做哪些事，然后再开始做，做完一件就划去一件。给孩子制订待办事情列表，可以有效地安排孩子的作息时间，提高孩子的学习效率。同时，每天要做的事情的重要性肯定会不一样的，那就应依轻重缓急排好顺序，标明完成每件事需用多少时间。给孩子准备一个小本子，把每天要做的重要事情记下来，列出先后次序，可以提高时间利用率。

4．学会给他人送点 “时间礼”。时间是一种宝贵的财富，我们何不为他人送去一些呢？例如，我们可以帮家里人干点什么，或者去看一看亲友，在你身心得到放松的同时，你的亲友也跟着受益。同时，也让孩子在接受“时间礼”的同时，让孩子尝到不遵守规定时间的后果，让他们在失败的教训中增长能力。

5．注意一些重要时刻安排。生活中有许多时间期限，如公交汽车

时刻表、开始上课的时间、交作业时限等，这种种时限对那些不善管理时间的孩子来说，往往意味着压力和烦恼。作为家长应该尽早让孩子知道时间期限的重要性，并身体力行地教会他们如何在最后期限到来前，有条不紊地完成任务、达到目标。而一旦孩子的进度落后于时间表，此时家长给予他们的应该是鼓励和帮助，而不是喋喋不休的抱怨和批评。

心灵可以依靠，肩膀要学会抽离

最近，数学老师在班级搞了个“小先生制”，小博和同桌冉冉结对子，由小博当“小老师”。头几天，小博可高兴啦，每天回家都会向爸妈报告自己的“教学成果”。可是一段时间下来，小博每天回家都会跟妈妈“告状”。今天放学回家，一家人坐下来吃饭，饭桌上，小博边吃饭，边抱怨道：“我的同桌冉冉真是太过分了，今天上课的题目又全部是我教他的，他自己每道题都不愿意主动去想。”

妈妈听了小博话，笑了笑，安慰道：“儿子，你是老师，要有耐心哦！”

“可是，他老是这样依赖我，要是有一天我不教他了，他不是还是什么都不会啊！”

妈妈很惊讶小博会说出这样的话，如果一直当孩子的“拐杖”的话，假如有一天这拐杖没有了，孩子还会走路吗？由此，她想到小博上幼儿园的时候，她很紧张，怕孩子有这样那样的问题，所以事必躬亲，小博吃饭睡觉，作业辅导全包。小博在她的照顾下，顺利地度过了幼儿园时光，升入了小学。到了小学，她对小博还是延续以前的做法，可是慢慢地却发现，儿子的自理能力很差，都9岁了，每天起床还要三催四请的；晚上睡觉要是不提醒他，就一直憋着尿。二年级一次家长会，班主任宋老师就点名批评小博自理能力差。回家后，她反思了自己的做法，决定不再处处让小博依赖自己，而要锻炼孩子的自理能力，很多事情都试着让小博自己去做。渐渐的，小博变得不再依赖父母了。

我们常常遇到这样的情形：早晨，父母起床后，叫孩子起床，等到早饭做好了，孩子还没有起床，于是父母就开始哄孩子起床，三催四请之后，孩子才愿意起来。然后妈妈帮着穿衣、洗脸、吃早餐、整理书包，然后送孩子上学，见孩子进了校门，悬着的心才稍微放下点。就在这样日复一日的生活中，孩子们变得越发依赖父母；就在这样年复一年的日子里，孩子们养成了眼高手低的坏习惯。而做父母的，却往往为这而埋怨孩子，其实，很多时候，孩子不够自立，问题都出在父母身上。

首先，父母包办孩子的事情。本来属于孩子自己的事情，比如，整理书包，洗脸，洗澡等生活小事，给同学送生日礼物，给老师送祝福等这些人际交往的事情，都被父母一手包办了，孩子根本没有动手去经历的机会，这样一来，孩子如何才能独立自主呢？

其次，父母不给孩子参与家庭事务的机会。有些父母在引导孩子做好自己事情的同时，却要求孩子不要管家里的事情，这样就隔断了孩子与生活的联系，让孩子的自立能力经不起生活的考验，没有从根本上锻炼孩子的自立能力。

再次，父母并没有认真指导孩子如何学会自立。有些父母，看似给了孩子足够的空间，其实是放任孩子不管，在孩子独立做事的过程中缺乏足够的指导。试想，一开始做某一件事，孩子也许是不知头绪的，而这个事情，又得不到及时细心的指导，自立能力还是很难建立。还有一些父母，只注重孩子身体力行，而忽视关注孩子的心理自立，很少和孩子沟通交流，关注孩子的情绪变化，导致孩子心理承受力不断下降。针对上述种种情况，作为父母，我们该怎么办呢？

1．“儿子，你好样的”——多鼓励孩子自立。在平时，我们要充分相信孩子，多鼓励孩子，经常跟孩子说“你能行”、“你能自己作出选择”、“我相信你能办好”之类的话，无疑是鼓励孩子去尝试，逐步走向独立、自主的动力。

2．学会放手——还孩子独立自主的经历。在生活中，父母要学会放手让孩子独立去尝试做一些安全的、力所能及的事情，如，自己起床，自己穿衣，自己收拾书包等。同时，在生活中，还要多鼓励孩子独立。

3．给孩子提供帮助——给孩子创造独立的经历。培养孩子独立自主的习惯并不是对孩子完全放任，而是在孩子进行“重大”决定时，父母可以帮助孩子收集资料，进行科学选择。父母也可以和他一起分析资料，找出各选项的利弊，帮助孩子做出选择。比如，一年级的小学生要不要自己洗碗？不少家长拿不定主意，总是担心孩子会不小心把碗摔碎。但是有一位家长却别出心裁，她特意为孩子准备了一个小板凳，对孩子说：“我知道你特别爱干活，想自己刷碗，可是水龙头太高，你够不到，妈妈给你准备了个小板凳。”孩子兴奋地喊着：“谢谢妈妈！”马上就登上小板凳，高兴地学着成人的样子去刷碗了。

4．给孩子树立一个榜样——给孩子独立自主的榜样。如果你自己是一个处处依赖他人，拿不定主意的人，那你就不要指望你的孩子能够独立自主。你的一举一动都是孩子模仿和学习的榜样，所以先从自己开始做起，努力为孩子树立一个独立自主的好榜样。

过分协助，懒惰蔓延

周末，爸爸把小斌从床上拉起来，要带他去附近的公园广场上练车。最近，上五年级的小斌老是缠着老爸给他买小型自行车，周五刚买回来，老爸就趁着这周末自己轮休，要带着小斌去练车。

睡眼惺忪的小斌，懒洋洋地爬起来，妈妈帮着把衣服穿好，吃过早饭，父子俩收拾停当，就出发了。

到了广场上，有好几个孩子都在骑车玩，小斌看得入看迷，老爸见状，打趣道：“儿子，别傻看着啦，咱也走着！”

小斌重重地点了点头，开练了。俗话说："看起来容易，做起来难"一开始，老爸一直扶着车，小斌能够慢慢地骑行，但老爸一放手，他就紧张，就会摔倒。摔了几次，小斌再也不让老爸松开车了，老是要老爸扶着。第一次练习，没有成功。

接下来的几个周末，小斌总是要老爸扶着，要不然就不骑，急的老爸生气地说："这是你练车还是我练车啊？"

就这样，一直到快放暑假了，小斌也没有学会骑自行车，再加上老爸又比较忙，所以车早就放在一边，都落上一层厚厚的灰尘。

小斌练车的事例给我们一个启示，父母老是从旁协助孩子，孩子很难获得一种可持续的能力，反而还会导致孩子懒惰的习惯。同样是练习一项技能，我们来看下面这位父亲是怎么做的。

最近，小轩喜欢上了游泳，觉得在泳池里像鱼一样快速地游动很帅，于是，信心满满地找老爸商量："老爸，我要学游泳，你教我好吗？"

老爸从小就在水边长大，是个"水鸭子"，游泳很好。周末的一天，父子俩来到游泳馆，换好泳装后，老爸首先下了水。小轩在池边有点紧张，迟迟不敢下水，老爸劝了好久都不见效。老爸见劝他没用，就趁着他不注意，一把把小轩"抓"到了深水区里。

小轩猝不及防，喝了好几口水，本能地往上游，老爸又一把小轩拽到了浅水区。小轩刚要责怪爸爸，又被爸爸一把"推"到深水区，小轩又本能地往上游，老爸在边上不停地指导，告诉小轩怎么协调手和脚。

就这么来回几次，小轩逐渐在求生的本能下，再加上爸爸的指导，不到两个小时，就学会了游泳，接下来的几个周末，小轩都主动地邀请老爸去游泳，而且从不要老爸帮助。慢慢地，越游越熟练。

小轩学习游泳，老爸也从旁"协助"了，但是有点"残忍"。不过最终却得到了想要的效果，让孩子获得了该得的技能。

上述的事例明确地告诉我们，做父母的如果过多地"协助"孩子，不让孩子有独立探索，独立训练的机会，孩子的自立能力将得不

到发展，会让孩子变得懒惰，依赖父母。那么，在平时的教育生活中，我们如何做，才能有效地防止孩子变得懒惰呢？

1．“放手让他自己去做”——给孩子独立尝试的机会。生活中，很多孩子自己的事情让孩子自己去做，比如，孩子学习骑自行车或者学习游泳，在示范基本技能的同时，要学会放手，给孩子独立尝试的机会，只要在亲自的尝试中，孩子才会积累能力，获得技能，不再懒惰。

2.“心理调适很重要”——教孩子从心理上脱离父母。孩子在初学一项技能或者接触一项事务时，由于没有经验，都会表现出心理紧张的现象，一旦紧张了，就会影响孩子学习和训练的效果，所以，在孩子学习时，要及时地给孩子心理上的辅导。孩子的心理素质提高了，承受压力的能力就会增强，在做事时，依赖父母就会减少。

3.“做做懒父母”——父母懒有时会造就勤快孩子。有些父母，出于对孩子的爱，竭尽所能地给孩子提供帮助。生活中能够替孩子想到的、办到的事情都替孩子考虑到了、做到了，这样一来，孩子就没有机会独立训练了。所以，假如我们变得“懒”一点，孩子的书包让他们自己去整理，孩子的作业让他们自己去检查，孩子的成绩让他们自己去负责，这样一来，孩子既能学会技能，又能从精神上脱离父母，学会独立。

4.“教会他干什么”——给孩子及时的方法指导。孩子依赖父母，一方面是由于父母过多干涉所致，还有一方面是出于孩子的本能需要。当一个人刚接触一件事物时，由于陌生，经验不足，方法没有掌握，难免从心理上需要别人的指导。这时，做父母的要及时给予科学正确的指导，让孩子快速地掌握做事的技巧和方法，从而增强信心，学会做事，愿意做事，不再懒惰。

5.“宝贝，你真能干！”——及时鼓励造就勤快孩子。平时，如果孩子积极主动做事，比如，帮助家长打扫卫生，主动把自己的房间

收拾干净，主动写作业等，做父母的要及时给予鼓励和表扬，对孩子说："宝贝，你真能干！"、"儿子，你这么勤快，一定会成功的！"这类的话来激励孩子，让孩子获得精神激励，变得能干、勤快，告别懒惰！

给自己放个假，让他学会独立自主

六年级（一）班在某报纸上出了毕业专版，学校记者团的指导老师叶老师组织孩子们开展报纸义卖活动，既为灾区捐款，又为学校做了宣传，还能锻炼孩子们的胆量，一举多得。这天早上，10个孩子如约来到学校门口，叶老师交代了几句，大家就开始寻找最佳卖报地点，开始行动了！一开始，孩子们还比较拘束，拿着报纸，傻愣愣地站在街上，嘴里小声地喊道："卖报，卖报！"

叶老师到各个卖报点去转了一圈就回到学校，和门口的保安开始闲聊。保安汪师傅说："孩子们在卖报，您怎么不去看看啊！有个人在边上他们更有动力卖啊！"

叶老师笑着说："我不在乎孩子们能不能把报纸卖出去，关键是他们敢不敢叫卖！卖报到底是个什么滋味，只有他们自己知道，别人是替代不了他们的！"

时间过得很快，四十分钟很快过去了。和笑笑一组的悦悦的妈妈突然来了，拿着相机要给悦悦拍照，悦悦本来就不怎么会卖报，脸皮比较薄，见妈妈来了，更加地有了依靠，而不愿意再叫卖了。而悦悦的妈妈在边上，一会儿指点这个，一会儿指点那个，看悦悦不会，直接说："我来帮你卖吧！"

在一旁的笑笑有些不乐意了，有礼貌地说："阿姨，报纸我们想自己尝试着卖，您能别跟着我们吗？"

悦悦妈妈听了一愣，才意识到自己太过关注女儿了，只好不跟着他们。中途，孩子们回到学校补充水分，悦悦妈妈又跟来了。她还是不放心，开始指点悦悦怎么卖报，又跟悦悦说："女儿，哪些是你的报纸啊？我来代你卖吧！你歇会！"

这时，在一旁的叶老师看不下去了，委婉地说："悦悦妈妈，您能别参与吗？今天的活动，卖多少报纸不是重点，重点是孩子们亲自去体验！"

在叶老师的劝说下，悦悦妈妈只好在学校这边等，边等还边跟老师闲聊道："悦悦从来没有做过类似的活动，也不知道能不能把报纸卖掉！"

叶老师接过话茬道："为什么一定要关注孩子把报纸卖掉呢？卖报本身更重要啊，我看悦悦就很自信，你完全不用担心的！自己安心点，给自己放个假，孩子才会独立成长啊！"

听了叶老师的话，悦悦妈妈不好意思地笑了起来，点头说道："您说得对，我有些担心过头了！"

我们为什么对孩子不放心？是因为对孩子本身能力的不自信，或者是对自己能力的不自信，或者是这个社会太多的压力，压得我们不得不把孩子处处"抓"自己的手里，像提线木偶一样。或许上述原因都有吧！很多父母其实也清楚，对孩子过分关注、过分关心对孩子独立自主能力的培养并不是一件好事情。但是却往往口头上认同，心里却不由自主地想要去帮助孩子。在"放手"和"搀扶"之间，我们到底该如何平衡呢？

庆庆是个绝顶聪明的孩子，上课时总是抢着回答老师的问题，数学周老师对庆庆的学习状态尤为满意。期末考试马上就要到了，周老师照例去个别学生家家访，这天，他和庆庆的爸爸联系，准备晚上到家去拜访，庆庆爸爸愉快地答应了。

吃过晚饭，来到庆庆家，庆庆妈妈去外地出差了，庆庆去外面的培训班上课还没有回来，周老师想跟庆庆爸爸了解平时在家是怎么教育庆庆的。庆庆爸爸笑着说："等待会庆庆回来了，你看他怎么做吧！"

正聊着，庆庆回来了，简单地寒暄过后，庆庆自己开始吃饭，然后把自己的碗洗了，因为就他一个人没有吃饭了，爸爸的碗筷早已收拾好了。然后，他来到客厅和周老师聊天，大约20分钟后，庆庆有礼貌地站起来说道："老师，您先跟我爸聊着，我得去写作业了！"

庆庆回到自己的房间，安静地写作业。期间，出来倒了一次水，上了一次卫生间。大约八点半左右，庆庆写好了作业，走出房间。去卫生间洗了把脸，然后来到客厅继续跟周老师聊天。大约8点45分，他就自己去刷牙洗脸，睡觉去了！而在庆庆走进家门到睡觉的这段时间，除了必要的几句话外，爸爸始终没有要求庆庆做什么，事情都是庆庆独立完成的。

根据庆庆爸爸的解释，从小，他们对庆庆就是这样训练的。把做事的要求和方法告诉庆庆后，就训练他独立自主地完成自己该完成的事情。而作为爸爸妈妈，他们很少干涉庆庆自己的事情，放心大胆地让孩子自己去完成。

从庆庆的成长经历中，我们可以得到下面的启示：

1．孩子自己的事情放手让孩子自己去做。孩子的事情，比如洗脸、刷牙、叠被子等生活上的事情，完全可以让孩子自己去做。还有一些学习上的事情，比如要不要上培训班，要不要参加班委竞选，整理自己的书包文具等都让孩子自己去完成。让孩子在这些简单平常的事务中，逐步掌握独立的技巧和耐心，形成独立能力。

2．不要用自己的“操心”打扰孩子的独立。很多父母抱着为孩子好的心态，天冷了怕孩子冻着，天热了怕孩子晒着，学习了怕孩子题目不会，上课了怕孩子听不懂，用自己尽心尽力的“操心”打扰孩子的独立生活，即使孩子不愿意也要硬塞给孩子。这样的做法不但不会让孩子形成独立能力，反而会让孩子产生逆反心理，不利于亲子沟通。

3．教会孩子独立的方法。我们想要孩子独立的前提就是要教给孩子独立的方法，比如训练孩子怎么叠被子，必须坚持21天左右的时间，每天早上都示范一遍给孩子看，然后让孩子自己去尝试着叠，直到孩子完全掌握叠被子的方法，再放手给孩子独立完成。也就是说，不管什么事情，要想放手给孩子，必须等孩子掌握了独立完成的方法才能放手。不然，孩子不但不会独立，反而会造成孩子懒惰等坏习惯。

惩罚孩子总是“上纲上线”，孩子做事便畏缩不前

小杰现在五年级，换了新班主任，是一位年轻的美女老师，叫张锦。张老师虽然年轻，却是个极细心的人，通过开学这两周的观察，她发现小杰在课堂上总是沉默寡言。有一次在课上，她提了一个问题，她能够明显感觉到小杰是有想法的，但是当她提问小杰时，小杰却连连摆手，红着脸说自己不会。

张老师对小杰的举动比较疑惑，出于对孩子负责的态度，她开始了解小杰的家庭情况。根据前任老师的介绍，小杰父母都是下岗职工，在小区附近的菜场卖菜，平时很少有时间照顾小杰。但他们对小杰的学业抱有很大的期望，所以对小杰的学习要求非常严格，小杰只要犯一点小错，爸妈就非打即骂，而且习惯“上纲上线”，总是把小杰所犯的错误上升到一定的程度。比如上次，小杰拿了同桌的橡皮用，忘了跟同桌讲一声了，同桌责怪了小杰几句，两个人就吵了起来，后来班主任老师知道了，就把此事通告给了小杰妈妈。

放学回家后，妈妈不容辩解，把小杰狠狠地揍了一顿，然后还苦口婆心地说：“我们家虽然穷，但是我们人穷志不短，拿人家东西这种缺德事你也能干得出来？”

在爸妈严厉的教导下，小杰不但没有达到他们预期的学习效果，反而越来越胆小，遇到什么事都躲着不敢上前，到老师办公室和老师交流，腿都打哆嗦。学习成绩下滑得也越来越厉害，上次期末考试，数学只考了50分。

小杰失败的例子告诉我们，严厉的父母只会教出“软弱”的孩子，家长太强势，孩子可能会变得胆小怕事，做事畏缩不前。孩子还小，对孩子的错误，切记不能“上纲上线”，不能盲目扩大孩子的错误，把孩子所犯的错误一概上升到道德品质层面。小杰就是忘了跟同桌讲一声了，这跟偷窃没关系，我们做大人不是有时也会忘记事情吗？难道都是偷窃？孩子上课不认真听讲，就是态度不够端正吗？也许是因为课上得不够精彩也未可知。孩子将花瓶打碎了，就是粗心大意的孩子吗？也许孩子无心犯错，心里也后悔紧张得要死呢！所以，

作为父母，在面对孩子所犯错误的时候，要切实地从孩子的实际出发，决定是否给予孩子必要的惩罚；要从孩子的天性出发，尽量减少对孩子的惩罚。因为惩罚对孩子来说，是消极的教育对策，会挫伤孩子的自信心和自尊心，让孩子产生自卑感和不安全感，从而失去对学习和生活的兴趣，导致成绩下降，性格软弱和消极避世。既然这样，在平时的教育过程中，我们该用怎样的态度对待孩子的错误呢？

1．“爱孩子不挂在嘴边”——给孩子温暖的关怀。当孩子犯错误时，作为父母，无疑是着急的，心疼的，甚至有时会生气，生气自己平常的教育孩子并没有完全接受，有点“恨铁不成钢”。但是，作为父母，我们应该记住，对孩子的教育，我们必须抱着一颗慈爱的心才能真正融化孩子，让孩子接受我们的引导。而我们一旦对孩子发火，孩子就会觉得父母不够爱自己，从而产生不安全感，出于自我保护，孩子会抗拒父母的说服教育，甚至产生逆反心理。所以，只有爱才是对待犯错误的孩子的正确态度。

2．“给孩子一个无声的拥抱”——鼓励比惩罚更有效。当孩子犯了错误，面对父母时，他们的内心也是很紧张，很挣扎的，这时如果对孩子发火，惩罚孩子，只会将孩子推向更痛苦的深渊，不但解决不了问题，反而让孩子受到更大的伤害。既然这样，我们可以反过来做，当孩子因为犯错而站在你面前时，可以先给孩子一个温暖的拥抱，缓解孩子的紧张，然后再对孩子谆谆教导，孩子也比较容易接受批评。

3．“惩罚不要带着情绪”——让孩子明白做错了是自己的责任，而不是父母的“报复”。很多父母惩罚孩子带着自己情绪，恨得咬牙切齿，失去理智，什么话都能说出口，仿佛站在自己面前的不是自己的孩子，而是自己的敌人，这样带着浓浓情绪的惩罚，不但不会让孩子认真地反思自己的错误，只会让孩子记得自己错在惹父母生气了，要是他们不知道，也许这就不算错误。所以，建议在“惩罚”孩子时，要本着公正公平的原则，按照和孩子商量好的原则，不折不扣地执行，让孩子明白，受到惩罚不是因为父母生气，是因为自己不遵守规则，是自己应该负责。

4．“一分钟批评”——批评不要没完没了。对孩子的惩罚批评不要没完没了，当确认孩子确实错了时，先花30秒钟表明自己的态度，可以和孩子说：“你把同学东西故意弄丢的行为，我很生气！”、“你把袜子扔在床底，妈妈很不高兴！”等这类的话。然后再花30秒的时间惩罚孩子，比如可以跟孩子说：“明天，你必须跟你的同桌道歉，争取他的原谅！”、“我建议你现在就把袜子拿到洗衣间去！”一分钟批评过后，然后要告诉孩子下次避免犯错的方法，让他引以为戒。这样的惩罚既不会让孩子觉得没完没了，又能够切实帮助孩子改正错误。

大道理铺天盖地：抽象的道理形象地讲，否则孩子不知所措

前苏联伟大的教育家苏霍姆林斯基在一所乡村学校当校长的时候，每年开学时，总是在校园里挂一条横幅“要爱你的妈妈”。很多人不理解为什么要挂这样一个横幅，而不挂宣传爱国，爱人民的横幅，苏霍姆林斯基解释道：“一个小孩子，懂得什么大道理，他们知道什么是国家，什么集体利益吗？他们每天最亲近的人就是妈妈，引导他们爱妈妈，他们感受很真切，很容易做到，而且他们知道爱自己的母亲了，将来就会知道爱国，爱人民，为以后更大胸怀的爱积累基础！”

讲这样一个故事的意思是想说明，苏霍姆林斯基从儿童的天性出发，选择那些接近儿童生活的标语引导孩子懂得爱是多么明智、多么智慧的做法。其实想想也是的，一个六七岁，十来岁的孩子懂得什么大道理，一个在城市里吃好穿好的小朋友， 哪里能体会什么灾难、苦痛、吃不饱饭的情形。可是，在我们的家庭教育中，用大道理试图说服教育孩子的现象却屡见不鲜。

有一天，小远和妈妈在湖南路商场逛街，在一楼的儿童商品区，看到一款玩具很好看，想要买，妈妈一看标价牌，586元呢，太贵了！就不愿意给孩子买。可是小远非要买，于是妈妈就蹲下来跟小远讲道理。

妈妈说："儿子，你看家里都有那么多玩具了，再买这个不是太浪费啦！"

"我不管，我就喜欢这个玩具嘛！"小远向妈妈撒娇道。

妈妈继续说道："你看现在全国各地都是大灾大难，甘肃舟曲刚发生泥石流，那里的孩子们连书包都没有，学都没法上了，你看你还要这么奢侈地在这里买玩具，你羞不羞啊！"

小远见妈妈不理自己，生气地说道："舟曲发生大难，跟我买玩具有什么关系啊！"

妈妈见小远这么不懂道理，站起来，一把拉着小远就往外走，任凭小远哭闹。回到家后，爸爸正好下班回家了，妈妈把小远一把拖到爸爸身边，生气地说道："你儿子一点好歹都不懂，好好治治他！"说完就去厨房做饭了。爸爸拉着小远坐下来，温和地说："儿子，怎么啦？跟爸爸说说好吗？"

小远抽泣着，跟爸爸说明原委。爸爸听完后，温和地跟小远说："儿子，你要买玩具爸爸是同意的，但是586元确实贵了点。这样吧，爸爸和妈妈商量一下，给你提供300元的购买基金，不过剩下来的钱就要你自己赚了！"

小远一听爸爸愿意给自己买玩具，很高兴，但是一想到还有286元要自己赚，就为难地说："我这么小，怎么赚钱啊？"

爸爸呵呵一笑道："你可以从爸妈这儿赚啊？比如，你考试进步了，我们可以奖励你；你每天坚持拿报纸、拿牛奶，坚持协助爸妈打扫家里的卫生，我们都可以奖励你。积少成多，爸爸相信你很快就会赚够买玩具的钱的！怎么样？"

小远一听爸爸这么说，也很高兴，愉快地答应了爸爸。买玩具风波就这样被爸爸轻而易举地化解了。

小孩子哪知道钱的重要性啊，因为他们从来都不用为钱发愁，需

要用钱时，爸妈供着，所以对于586元，这个老爸半个月的奖金钱，他丝毫不会觉得是浪费。还有，舟曲离小远那么远，他又没有切身感受，怎么会体会舟曲儿童的痛苦进而反思自己的行为呢？一句话，这样的大道理，孩子听不懂，也听不进去。既然这样，干脆不跟孩子讲道理，而是跟孩子谈怎么买玩具，告诉孩子可以买，但是资金不够，怎么办？自己去赚，自己去努力，既满足了孩子买玩具的需求，又可以让孩子体会到赚钱的辛苦。这样的道理，不言而喻，不言自明。

综上所述，作为父母，我们在平常的生活中，如何让孩子摆脱大道理的束缚呢？

1．“大道理分层次讲”——用点滴的事例让孩子明白道理。小远不知舟曲孩子的辛苦，是因为对钱没有概念，那么爸爸设计了让其赚钱来体会钱，知道钱的用处，然后再寻机告诉小远家庭的情况，进而再用事例向小远说明舟曲的情况，这样孩子就会对灾区的难处有所体会了。

2．“大道理可不讲”——不用大道理来束缚孩子。有些大道理对孩子来讲根本不切实际，所以，对孩子可以不用讲大道理，只讲怎么做，让孩子在做具体的事情时，慢慢体会道理，慢慢总结经验，比直接灌输大道理给孩子要管用的多。

3.“大道理形象地讲”——讲道理要契合孩子的天性。孩子的理解能力，对社会的把握能力有限，这也影响孩子对大道理的接收能力。因此，跟孩子讲道理的时，不要就道理讲道理，可以用形象生动的语言跟孩子讲。就像那则著名的两只兔子的《猜猜我有多爱你》的故事一样，兔妈妈始终没有说自己有多爱小兔子，只是顺着小兔子的话，一直往下说，一直说到小兔子安静地睡着了。还比如，孩子总是赖床，不要跟孩子讲赖床会产生什么坏习惯，影响学习之类，将来影响升学之类的大道理，只需要告诉孩子，上学的时间是多少，从家到学

校需要多少分钟，把情况给孩子一分析，让孩子自己去把握，时间到了，也不多提醒他，让孩子承担睡懒觉，迟到的后果，孩子肯定能够掂量出什么时候该起床了。

第五章

父母好心态，孩子好未来

现代社会是竞争激烈的社会，很多父母为了所谓的“不让孩子输在起跑线上”，给孩子强加了许多额外的学习任务，压得孩子喘不过气来了。可是，人生是一场马拉松,一开始冲太快又有什么用?

父母的心态决定孩子的未来，要想孩子有一个幸福未来，就必须调整好自己的心态。用宽容的态度，谅解孩子的错误；用平和的态度，看待孩子的学习；用乐观的态度，引导孩子积极向上。

第五章 父母好心态，孩子好未来

父母悲观看世界，孩子的世界也是灰色

忙碌了一天，刚吃完饭，躺下来喘口气，又接到一个电话，李老师勉强站起来，拿起手机，接通了电话。是小宇的妈妈，今天小宇家庭作业没有带，李老师要小宇带个话给父母，让其打电话过来。

电话那头，小宇妈妈怀有歉意地说道："对不起老师了，我们家小宇给您添麻烦了！这孩子写作业总是很慢，我们每次都说他，就是不管用！"

"那你们督促他写作业了吗？"李老师柔声问道。

"唉，这孩子比较笨，作业写得特别慢，我和他爸爸工作又忙，有时候就无法看他作业了！"小宇妈妈叹了口气道。

从小宇妈妈三言两语中，李老师似乎觉察出什么，然后问道："是不是您平时在家经常会说小宇比较慢啊？"

"是的，我们家儿子我最了解，写作业真是太慢了，每次我们都说他，但是一点效果都没有！还有，我感觉我儿子胆子太小，我们经常为这事教育他，但是不管用！"小宇妈妈回答道。

"那也就是说，您除了经常说小宇动作太慢，还经常会数落他胆小对吗？"李老师继续追问道。

小宇妈妈答道："是的呀，我们有时候为了激励他，就要求他胆子要大，我在家有时候是会经常数落他的，是希望他能像人家孩子那样，跟老师大胆地交流！"

"可是，您一直在小宇的缺点上加以强化，不但不会激发孩子的雄心壮志，反而会给孩子一种消极的暗示，让孩子越发觉得自己比较慢、比较胆小、比较笨啊！"李老师帮着分析道。

"哦，这个问题，我们平时倒没有注意过，我和他爸爸文化水平也不高，怎么教孩子，我们也不知道怎么样为好！"小宇妈妈真诚地说道。

从接电话开始，小宇妈妈就多次对老师表示，小宇是如何地慢、如何地胆小、如何地笨。为什么会这么说，仅仅是看到别人家孩子动作较快，胆量也大，可以和老师亲近，很自然地交流，而且有的孩子还比较聪明，成绩特棒！生活中，我们经常见到这样的情形，很多父母在跟人交流时，总是数落自己孩子的种种不是，好像夸夸自己的孩子是多么难的事情。仔细分析一下，我们为什么总是习惯性地盯着孩子的缺点呢？要知道，当父母悲观地看世界时，孩子也受其影响，内心充满灰暗。那么，我们为什么总是悲观地看待孩子的缺点呢？

首先，受到社会压力的影响。现在孩子的升学压力特别大，父母们为了自己的孩子能够上一个好的学校，对孩子的要求越来越高，永不满足，带着孩子一起赛跑，也不知道停歇下来喘口气。受到社会竞争压力的影响，父母的情绪难免会有波动，比如对于孩子升学等事，不到拿到录取通知书，都不会松一口气。在这种压力下，父母们往往是持悲观的态度。

其次，父母们看不到孩子的优点。很多父母在追求孩子更高进步的同时，忽视了对孩子优点的观察和挖掘，总是拿着自己孩子的缺点去和人家孩子的优点比，在盲目的追逐中，蒙住了自己的双眼，看不到孩子的优点，所以悲观情绪一直笼罩着自己。

最后，父母的期望太高。父母对自己和孩子的期望太高，一时却又无法实现，或者遇到挫折，就会产生挫败感，进而产生悲观失望的情绪。比如，觉得自己没有后台，找不到关系让孩子上更好的学校；觉得自己文化水平不高，不能够给孩子最好的教育；觉得自己经济条件不好，委屈了孩子等这些自怨自艾的情绪，不但自己过得不开心，还会传染给孩子，让孩子的世界也变得灰暗。

那么，为了自己的孩子有一个阳光的心态，我们该如何做一个阳光的父母呢？

1．适合的期待——给孩子定一个合适的目标。我们之所以会有那么多的失望和悲观情绪，往往是因为我们给孩子定的目标过高，而孩子又迟迟达不到这个目标，这样一来，悲观情绪就会来临。既然这样，我们就要学会调整孩子的目标，根据孩子的情况，确定一个切实

可行的目标，这样就可以大大减少失望的频率。

2．大家不同，大家都好——多看看孩子的优点。很多父母老是盯着别人家孩子的优点，拿来说教自己的孩子，却很少关注自己孩子身上的优点。其实，仔细观察，每个孩子都有很多的优点，比如，调皮的孩子也许思维比较开阔，沉默的孩子也许思考比较理性，表达不流利的孩子也许文笔一流。每一个孩子都有自己的特点，只要我们用心观察，总会发现的。平时，我们就应该抱着这样的心态多看看孩子的优点，这样才会减少悲观失望的情绪。

3．“犯错的孩子更需要爱”——宽容地对待孩子的错误。孩子还小，犯错难免，不要因为一点小事就大动肝火，悲观失望，这样对自己的身体是极大的伤害，对孩子更是一个大的伤害。其实，当孩子犯错时，他们更渴望获得父母的宽容和爱，如果这个时候，我们抱着一颗慈爱的心来看待孩子的错误，不但会使自己的心情获得安宁，更重要的是会让孩子感受到爱，更加愿意去改正自己的错误。这样，孩子的世界也将不会因为犯错而变得灰暗。

4．换位思考——宽容孩子也就是宽容自己。有些父母对孩子的要求是那么高，根本不考虑孩子的接受能力，当孩子做不到时，又用悲观失望的情绪感染孩子，这样做很不好！我们应该学会换位思考，凡事都从孩子的角度去想想，也许我们的心境会变得安宁，变得乐观，这样我们也能够带领孩子走进一个和谐宁静，安定祥和的环境和情绪，让孩子变得阳光！

只是打翻了一瓶牛奶——轻松化解孩子的紧张心理

周末的一天，妈妈把睡眼惺忪的小光从床上“骚扰”起来，小光迷迷糊糊地刷牙洗脸，然后去拿牛奶喝，一不小心，把牛奶瓶打翻了。

在厨房的妈妈听到瓶子碎掉的声音，生气地跑出来，嘴里就念叨开了：“你这个小祖宗啊，你什么时候能让我省点心啊！我看你是皮痒痒了！”说

完，就把小光拖过来，朝屁股上狠狠地打了两巴掌。

小光被妈妈打得哇哇大哭，哭声惊动了正在睡觉的爸爸。爸爸赶紧从床上爬起来，来到客厅，看到被打碎的牛奶瓶和哭泣的小光，就知道妈妈的臭脾气又发了。爸爸径直来到小光身边，蹲下来，摸摸小光的头，柔声说道："儿子，别哭，不就一个牛奶瓶嘛！碎碎平安！来，爸爸看看有没有伤到手！"说完，拉着小光在沙发上坐下来，查看小光的手有没有受伤。然后，柔声跟小光说："以后再拿牛奶的时候，可以拿个抹布包着，这样既不会烫着，也不容易滑到地上去，听到了吗？"爸爸边说，还边拿抹布给小光做了一个示范。在爸爸的安慰下，小光不哭了，又开心起来，吃完早饭，出去找小伙伴玩去了。

很多父母总是喜欢用严厉的态度对待孩子的错误，认为孩子犯错了，就要受到指责和批评，不然孩子记不住教训。甚至有的父母，只要孩子犯错，非打即骂，信奉"棍棒底下出孝子"的理论。其实，这样的做法非常不可取。孩子犯错了，本来心情就是比较紧张的，这时，父母再大声地斥责，孩子会失去安全感。根据马斯洛的需要层次理论，安全感是人最低层次的需求，当孩子感觉到不安全时，出于本能的自我保护，孩子就紧张，脑袋一片空白，根本听不进去父母在讲什么。所以，对着孩子发火的教育方式是最愚蠢的方式，效果几乎为零。

在实际的生活中，作为父母，我们应该反省自己有没有下面这样对待孩子犯错时的态度：

1.对自己的孩子生气时，尖声叫嚷，咒骂。

2.高声训斥年幼的孩子："闭嘴！让你说话了吗？""再不听话把你扔在这儿，看谁来管你！"

3.用言语威吓十几岁的孩子："如果不听话就再也不要回家来！""我没有你这样的儿子(女儿)！"对孩子的行为横加指责，破口大骂："如果你不老实呆着，我就扒了你的皮！"

4.让孩子当众跪着，公开羞辱孩子以期使孩子变好。

试想，有没有一个成年人能够忍受另一个成年人近乎凌辱的对

待？而孩子的弱小决定他们除了服从以外别无选择。而成年人却不断以爱的名义，固执地用成人世界的规则强行约束孩子、伤害孩子。全然不顾成年人的规则和孩子世界的规则是不同的，不顾孩子的行为背后肯定有他们自己的理由。我们亲手培植了孩子的无礼和傲慢，然后再向全世界埋怨："这个孩子他怎么能这样……"

在不被尊重的孩子的感觉里，自己未被尊重是因为自己是不值得被尊重的，所以很多看起来张狂自负的孩子，内心却并非看起来那样对自己满意，他的行为表现只是在以对自己的感觉来对待别人。

那么如何用巧妙的方式，化解孩子的紧张心理，引导孩子认识到自己的错误，从而心甘情愿地改正自己的错误呢？

1．父母要学做孩子的心理医生。父母是孩子最亲近的人，孩子的一切心理情绪变化，做父母的要有一个全面的了解，及时地做孩子的心理调节师。当孩子情绪紧张时，要及时地给孩子辅导，疏导孩子的情绪，不让坏情绪、紧张情绪影响孩子的身心健康。

2．通过反射情感的方法，安抚委屈的孩子。 孩子受到委屈时，父母应该设身处地地理解孩子当时的心情。当孩子向你表达某种感受时，你可用孩子的原话表示你对他的理解。这种方法，在心理学上称作反射情感。如，小勇从幼儿园回家后，一直不高兴，妈妈问他出了什么事，小勇说："今天下午，明明不是我打刘娟的，可是老师硬说是我打的，真气人！"这时，我们可以接着说："明明不是你打的，老师硬说是你打的，是气人！"小勇觉得父母是站在自己一边的，气也就慢慢地消了。 又如，孩子告诉妈妈："今天上课时我一直举手，可是牛老师就是不叫我回答问题。"这时，我们可以这样说："是啊，一直举手不能回答问题，心里一定不好受！"。父母用孩子的原话，把孩子的情感反射出来或者将孩子潜在的心里话说出来，使孩子抑郁的情感得到了一定程度的宣泄，孩子紧张委屈的情绪便会趋向平静。

3．心平气和地接纳孩子各种情绪的自然流露。与成人一样，孩子也具有喜怒哀乐等情绪，并且他们的情绪是毫无掩饰的，敢爱敢恨敢说敢笑，这是幼小孩子心理方面的一种优势，这种优势会使孩子的各种情绪能量得到及时的宣泄，这当然有利于他们心理的健康发展。他们这些情绪的自然流露并不是什么可耻的事，只要不扰乱别人的正常学习和生活，不伤及别人，就没有什么对错之分。孩子情绪的自然流露应该得到鼓励，而不是压抑。发脾气、反抗行为、哭泣、大声喊叫比默默承受更有利于孩子的身心健康。

4．宽容地对待孩子的错误。孩子哪有不犯错的啊，“不犯错的孩子就不可爱了”假如我们用这样宽容的心态对待孩子的错误，我们就会平和许多，从而对孩子也就不会大声呵斥，不会给孩子造成紧张的心理。

5．教训孩子要讲究方式。孩子犯了错误，一味地宽容肯定是不利的。必要的惩戒可以有效地制止孩子的一些不良行为继续发展，但是要注意方式方法，不能直接干预，这样会造成孩子的紧张心理，给孩子的心里留下阴影。当孩子需要获得教训时，先明确告诉孩子错在哪里，然后用宽容的心态，认真地告诉孩子，怎么改正这个错误。喋喋不休式的说教，甚至斥责孩子要不得。

不懂得分享，快乐也上了锁

有一天，王潇和几个小学同学在一起聚会，相互聊到小时候的事情，王潇深情地回忆道：“小时候，家里条件不好，妈妈大约半个月才会去集市一趟。每次，她都会买回来几个苹果，第一次，给我和姐姐一人一个，然后把剩下的收起来，我们怎么找也找不到。吃苹果的时候，母亲都让我们自己在家里吃完了再出去玩，怕别的小朋友看到了眼馋，就会到家里要苹果吃，不给又不好，给了吧，好不容易省点钱买的。所以想吃着苹果和小伙伴一起快乐地玩耍的日子始终没有到来。清苦的日子，这样的想法倒也无可厚非，但是这并没有泯灭我喜欢与人分享的心。秋天快到了，带上几个小伙伴，到快干涸的小河里去捉龙虾。然后，在野外架起一堆柴火，烧龙虾吃，大家一起分享龙虾，吃了一脸的黑乎乎，互相一看，哈哈大笑，快乐极了。田里的玉米熟了，我们一起去掰玉米烤着吃，其乐融融，充分地感受分享的快乐。”

李彤接着王潇的话说：“现在，我们的孩子都上小学了，小时候的那些事情我现在还历历在目，想想那时候，我们多单纯啊！可是现在，我有时候好像不由自主地想要保护自己，有好东西也不愿意跟别人分享，并且还把这个想法也传递给我的女儿！小家伙才上二年级，经常因为跟邻居的小哥哥抢蛋糕而哭闹。”

“是的啊，我们家儿子今年上三年级了，上个周三，放学回家，一进门就哭，我问为什么，他说同桌借他橡皮用，他不借，两人就吵起来，进而打起来了，自己被同桌打了一下。我问为什么不借给同桌，他来了句‘谁让他自己不带的啊！’”在一旁的马文接过话来说道。

一直低着头发短信的周琦深沉地来了句：“现在的孩子自私冷漠，都是我们给惯坏的！”

所有的人听了他的话，都愣住了，细想想，孩子不懂与人分享，多少跟父母的价值观有关系。假如父母是一个心胸豁达，助人为乐的人，那么也可以影响孩子的心态，让孩子懂得与人分享，体会互相帮助的快乐。相反，父母抱着“各人自扫门前雪”的心态来面对生活的话，孩子耳濡目染这样的观念，也会变得斤斤计较，以自我为中心的。

我们在感叹孩子自私冷漠的同时，可以认真地分析一下孩子为什么会变得这样。首先，有些是父母的言传身教所致，有的父母本身抱着“自扫门前雪”的心态生活，所以也会把这套处世哲学传授给孩子，让孩子自觉不自觉地不愿意与人分享。其次，父母不给孩子与人分享的机会。很多时候，当孩子获得与人分享机会的时候，却被父母剥夺了。比如，孩子想参加班级干部的竞选，有些父母就会以学习要

紧为由不愿意孩子承担为同学服务的工作。再比如，孩子想把自己的糖果分一点给其他的小朋友吃，有的父母马上把孩子按住，自己来分，这样便于自己把握分糖果的数量。这些生活中的细节，都会成为阻碍孩子懂得与人分享，开心快乐成长的因素。最后，有的父母故意夸大孩子被人骗的后果。有的孩子本来心态是好的，但是遇人不淑，被朋友欺骗了，有的父母为了孩子不再上当，就故意夸大与朋友相处的坏处和缺点，使得孩子失去交朋友、和朋友分享交流的兴趣和信心，从而培养出对人冷漠自私的孩子来。

如何培养孩子的好心态，让孩子学会与人分享，作为父母，首先自己要有一个好的心态，学会与人分享。具体来说：

1. “儿子，把饺子端给隔壁张爷爷”——亲身示范分享的魅力。邻居张爷爷一个人住，家里包了饺子，给他盛一碗去，本来是件小事，可做可不做，但是如果做了，就会给孩子一个好的示范，让孩子明白邻里相处之情，学会与人分享。分享是一种美德，更是一种生活的智慧，因为你学会与人分享，别人就会接纳你，也跟你分享。

2.学会替别人想——与人分享的第一步。父母可以有意制造一些挫折，即碰钉子的机会，适时地进行教育引导，帮助孩子认识自私是不受人欢迎的行为，只有友善和互助才能赢得大家的喜欢。如鼓励孩子多参加合作性的游戏活动，指导孩子在玩中感受尊重、帮助、谦让别人的乐趣，并学会控制自己不合理的情绪。

3. “分蛋糕”——还孩子与人分享的机会。父母从孩子最在乎的食物开始，如果孩子独占的话，父母就要把食物拿过来公平地分开，不能再放任不管。一开始，孩子可能会大哭大闹或苦苦哀求，但父母绝不能让步，一定要坚持到底。只要坚持就一定能纠正孩子的自私意识。

4. 角色扮演——创设模拟情境给孩子经历分享。平时，可以给孩子一起讲有关分享的故事，并和孩子一起扮演故事里面的角色，孩子

来扮演分享的角色，爸爸妈妈扮演接受别人礼物的角色，然后可以交换角色。经过一段时间的角色扮演，真实、直接的情感体验使得角色的分享特征慢慢固定在孩子的心中。

5．给孩子适当的爱——满足孩子的要求要适当。对于孩子的合理要求可以适当满足，对于不能及时满足的要让孩子学会等待，不过分迁就，即使孩子很倔强，父母也要坚持到底，不给孩子留余地。如果有一次妥协，孩子就知道下次有机可乘，所以，父母要有狠心、恒心和耐心及坚持到底的决心。

清除攀比心理，走出虚荣怪圈

一天，冉冉的妈妈到学校里来找老师，一进门，还没有坐下，就迫不及待地问："黄老师啊，我们家冉冉怎么成绩老是上不去啊？"

黄老师一愣，冉冉成绩不是挺好吗，怎么还这么说啊。于是就问了一句："你想冉冉成绩达到什么样的水平啊？"

"我看你们班周倩成绩就老是第一，我觉得我们家冉冉跟她差不多啊！怎么每次都考不过她啊！"冉冉妈妈继续说道。

"上次考试，冉冉考了第二名，只比第一名的周倩低2分，这样的成绩已经很理想了啊！"黄老师分析道。

"哎呀，这样的成绩跟人家外国语学校的成绩简直不能比，我们家冉冉到他们那边去，估计要排在班级中下了。"冉冉妈妈不听黄老师分析，抢话道。

黄老师听她这样说，也无语了。冉冉妈妈还在喋喋不休地说着，坐在一个办公室的秦老师实在看不下去了，就问了句："您一会要求这样，一会要求那样，那是孩子的想法吗？您要求孩子成绩达到那么高的水平，孩子的真正实力能达到吗？第一名永远只有一个，为什么就不能做比第一名低两分的第二名呢？"

面对秦老师一连串的反问，冉冉妈妈意识到自己太着急了，有点不好意思地说道："我也不是非要这样，就是觉得人家孩子成绩都那么好，总想我们家

冉冉也能到那么个水平！”

黄老师接过话茬道：“但是这样的想法并不是孩子真正想要的，只是你想要的，是你的攀比心理引导你这样想的，假如换个角度想，也许你就不会像刚才那么讲了！”

经黄老师这么一开导，冉冉妈妈也笑着说：“其实反过来想，我们家冉冉还是非常优秀的，至少成绩在班级前三名之列，是班级的尖子生了！”

是的，很多父母都有这样的心理，其实道理都明白，孩子的成绩已经达到了一定的水平，就一山望着一山高，总想孩子的成绩无限制地增长，总是不切实际地盲目攀比，认为别人有的，自己的孩子也要有，甚至不惜一切代价都要替孩子达到。这样的态度，对孩子的成长是极为不利的。父母是孩子的第一任老师，假如我们为了自己的虚荣，不断地拉着孩子盲目攀比，不顾孩子的感受，孩子对学习就会失去兴趣，只在乎结果，也会变成为达目的不择手段的人。

冉冉在三年级的时候，数学成绩非常优秀，妈妈要求他数学成绩必须在95分以上，而冉冉基本上都能做到，因为妈妈的不断鼓励，冉冉逐渐产生骄傲自满的情绪，而且虚荣心也在加重，不管是在班里还是在家里，听不得一句批评的话。三年级下学期的期末考试，前一天晚上意外感冒，第二天考试时，状态很差。快要交卷了，他还有最后一题，一共六分，不答的话肯定考不到95分了，为了完成妈妈的任务，为了自己不丢面子，他就冒险把同桌的试卷拿来抄袭，结果被老师抓个正着。回来后，冉冉妈妈还把冉冉狠狠地批了一顿，也从那时起，虽然他每次都能考到不错的分数，但是非常讨厌数学考试。

很多时候，我们都要让孩子为自己的虚荣买单，这样的做法实在是不可取。那么，作为父母，该如何调整自己的心态，注意不要将自己的虚荣心强加给孩子，而给孩子一个正面的引导，让孩子不再虚荣，懂得谦虚呢?

1．教育孩子不攀比——父母虚荣心容易传给孩子。人之所以会有烦恼，往往是因为相互攀比，总是拿别人孩子的长处来比自己孩子的缺点和不足，这样一来，心态就会失衡，心里就会有气，这时，孩子往往就会变成受气包。而孩子在父母攀比之心的“逼迫”下，也会变得敏感，对分数斤斤计较，变成敏感虚荣的孩子。

2．要注意孩子心态的变化——多给孩子讲道理。有的父母为了不让孩子受委屈，对孩子的要求往往有求必应，还有的父母对孩子则采用先吼后打的办法，让孩子有理说不出。其实，比较好的做法就是倾听孩子的想法，和孩子讲讲道理。父母可以告诉孩子，与别人攀比、拥有名牌并不意味着拥有了较高的地位，只有依靠自己的努力取得成功，才能获得别人的尊重。父母应教育孩子根据自己的需要买东西，而不要为了同别人攀比买自己不需要的东西，让孩子学会理性消费。另外，还可以把家中的收入支出讲给孩子听。

3．给自己减压——还孩子自由的空间。很多孩子的虚荣心是被父母逼出来的，父母不关注孩子成长过程中是否快乐，而紧盯着孩子的分数，让孩子倍受压力，为了父母的期望，有时不得不创造虚假的成绩来获得父母的表扬和奖励，从而助长了孩子的虚荣心。因此，我们应该从根本上减轻孩子的压力，给孩子自由快乐的空间，以孩子健康快乐成长为主。

4．要创造机会——让孩子通过自己的劳动获得想要的东西。如果孩子的要求是合理的，那么父母可以为孩子创造一些机会，让孩子靠自己的劳动挣钱购买所需要的东西。如让孩子做一些力所能及的事，分担一些家务，然后从中取得回报。一分耕耘一分收获，一滴汗水一点回报，让孩子知道仅靠不停地向父母张口要这要那，不仅不光彩，而且行不通。

5．要客观地评价自己的孩子——给孩子一个合适的心理定位。作为父母不应该过分夸大孩子的优点，也不要掩盖孩子的缺点。对那些符合道德规范的行为，父母应给予表扬，但应适度。因为经常性的表扬会使孩子认为这些并不是他应该做的，只是为了得到奖励才去做

的，久而久之，孩子便养成了虚荣的坏习惯，而且越来越严重。而对于孩子的缺点要及时指出，帮助他分析原因，并鼓励其逐渐克服。

太强调自我，认为自己是关注的焦点

媛媛五岁了，是全家的小公主，吃穿用住都是最好的。由于家人很宠她，媛媛逐渐养成了自私的毛病。有一回，妈妈从超市买回一些桃子，大家吃着，还剩五个，妈妈让她先选，她一下子拿了四个，只留一个在盘子里。妈妈就问她："宝贝啊，你拿了四个能吃完吗？"

"我不管，反正我就要四个，我慢慢吃！"媛媛撅起小嘴说道。

"吃多了桃子要拉肚子的！来给奶奶一个吧！"奶奶边逗她边要从她手里拿桃子。

还没等奶奶的手伸到，她抱着桃子从客厅跑到自己的房间把门锁起来了。

还有一次，全家约同事李梅一家去梅花山游玩，带了不少媛媛喜欢的零食。李梅家儿子亮亮也五岁大，两个小朋友一开始玩得很开心，可是不知什么原因突然吵起来了，最后竟扭打在一起，两家大人赶紧来劝开。一了解原因，原来是亮亮想吃媛媛带的零食，媛媛不给他吃，亮亮就来抢，进而发生了争执。

在学校举行的元旦庆祝活动上，班主任朱老师正在强调注意事项，媛媛这时就不安分了，东看看西摸摸的，一点也不配合老师，不愿意仔细听老师的要求。朱老师和其他小朋友说话时，她就做小动作，不知道学习别人，也不知道体谅别人。媛媛的种种"劣迹"，让爸爸妈妈很烦恼，想了多种办法来引导，效果总是差强人意。

生活中，媛媛这样的孩子还真不少，他们以自我为中心，在家被大人宠着惯着，要求一切都要顺着自己的意思来。那么，孩子以自我为中心的性格有哪些坏处呢？

首先，影响孩子正常的人际交往。孩子与人交际时，如果太自我，小伙伴们就不愿意和他一起玩，这样就会影响孩子正常的人际交

往，阻碍孩子交际能力的发展，同时对孩子的自尊心也是一个挫伤。

其次，影响孩子的学习成绩。孩子比较自我，不愿意听别人的意见，就会失去对老师的敬畏和同学的尊重，进而变得骄傲自大，学习上有些难题就无法及时地掌握和理解，影响成绩的进一步提高。

再次，影响孩子个性的发展。以自我为中心的孩子，多比较偏执，性子急，易怒，这样的个性对孩子将来的发展是极为不利的。

既然太过自我对孩子有这样多的坏处，那么作为父母，我们该如何做呢?

1．体味挫折——做父母的“自私“一点，孩子会更加健康成长。很多孩子之所以养成自我自大自私的个性，很大程度上是家长们无微不至的关心造成的，是家长们要啥给啥，毫无保留地疼孩子造成的。要想扭转孩子自私的习惯，就要“自私”一点，让孩子受点挫折，让孩子在困境中学会尊重别人，懂得谦虚。比如，孩子看到一件好玩的玩具非要买，做家长的这时要坚持原则，如果不适合孩子玩的话，就坚决不买，不给孩子自我膨胀的机会和经历。

2．懂得分享——给孩子与人分享创造机会。很多时候我们剥夺了孩子学会与人分享，尊重他人的机会，比如，不让孩子和小朋友一起充分地玩耍；孩子需要什么都给孩子备齐了，不需要孩子做任何努力就能得到。孩子在这样的氛围下，很少有机会帮助别人，跟别人一起分享。为了让孩子摆脱自私的习惯，我们需要给孩子创造机会，如，周末带孩子和其他小朋友一起玩，引导孩子把自己的零食分给其他小朋友吃。

3．多多鼓励——激励孩子尊重他人，与人分享。当孩子做出尊重他人，与人分享的举动时，要及时给予孩子鼓励，给孩子一个正面的引导，让孩子有信心和兴趣做尊重他人，与人分享的事情。如，当孩子把自己的东西分享给其他小朋友了，要及时地表扬孩子，告诉孩子与人分享是一种美德，能够获得更多的朋友!

4．懂得礼让——教孩子体会谦虚的快乐。谦虚是中华民族的传统美德，生活中，我们要教孩子学会谦虚，懂得礼让。遇到争执时，可以先让对方诉说观点和想法，然后再说出自己的想法；遇到荣誉时，在不影响自己成绩的基础上，鼓励孩子把机会让给别人，体会谦虚的快乐。比如，班级发新书时，有一本有点皱了，这时孩子主动接受了，将好的书让给别人了，这时要及时地鼓励表扬孩子，让孩子觉得自己做得对，体会到谦让的快乐！

5．助人为乐——引导孩子多多帮助他人。自私的对立面是奉献和帮助他人，生活中，可以引导孩子多多帮助他人，小到借同学一块橡皮，帮助爷爷奶奶过马路，拎着物品上楼等，大到为地震灾区捐款，为缺血人献血这样的大事，让孩子在这样一件件助人的事件中，体会助人的快乐，让孩子在助人为乐中逐渐抛弃自私的想法，变得包容。

对别人的错耿耿于怀，孩子会心胸狭窄

小航和扬扬是一对形影不离的好朋友，小航比较外向，喜欢捉弄同学，而扬扬性格内向，平时沉默寡言，但是有些倔脾气。这天，俩人去上电脑课，小航走扬扬的后面，老是去摸扬扬的头，而且不停地摸，好脾气的扬扬受不了了，就和小航扭打在一起，可能是因为小航比较单薄的原因，眼角处被扬扬一拳，打出了淤青。

回家后，小航的爸爸看到了，觉得自己儿子被人欺负了，第二天非要到学校里来找老师讨要说法，谁也拦不住。找到班主任张老师，张老师将扬扬的爸爸请到办公室来，准备调解这事。扬扬爸爸看到小航的脸，连连道歉，并且说："小航跟扬扬是好朋友，我想扬扬肯定不是故意去打小航的，所以请您原谅孩子一下，还有如果小航需要去医院检查，医药费我们出了。您看行吗？"

小航爸爸不冷不热地来了句："小航把你家扬扬的眼打青了，我们负责赔医药费，你愿意吗？这根本就不是医药费的事情，是我儿子现在被人欺负了！我要讨回说法。"

扬扬爸爸一听这么说，也来了脾气，不卑不亢地说了句："我们家扬扬打你家小航，如果你觉得赔礼道歉不解气，你打我吧！我替儿子挨这拳！"

小航爸爸一听扬扬的爸爸这么说，也意识到自己有点过了，也不搭扬扬爸爸的话，带着小航回家去了。回家的路上，开始教育小航道："以后再有人这么欺负你，一定不要放过他，爸爸给你撑腰，听到了吗？我以后再看到你没出息，被人打得鼻青脸肿的，回家后我还要揍你一顿！还有，以后不许跟扬扬那小兔崽子玩！"

小航不敢不听老爸的话，从那以后再也不理扬扬了，而且变得心胸狭窄，经常跟同学打架。为此，班主任张老师很是头疼。

好父母胜过好老师，父母作为孩子的第一任老师，父母为人处事的态度时刻影响着孩子的心态和价值观。父母心胸狭窄，孩子也会受其影响变得气量狭小，对别人斤斤计较。而孩子从小就养成心胸狭窄的习惯的话，对孩子将来的发展将有很大的影响。试想，谁愿意和一个心胸狭窄的人一起生活和交流呢？谁愿意与一个气量狭小的人在一起共事呢？谁愿意与一个斤斤计较的人为邻呢？尊重是相互的，你气量狭小的对别人，别人为什么还要宽容大度地对你呢？三国时，周瑜气量狭小，既爱诸葛亮之才，又嫉妒诸葛亮，影响了他的定力和决策，最终被诸葛亮活活气死。而唐太宗李世民宽宏大度，对太子旧臣魏征既往不咎，只爱其才，并委以重任，赢得了人才，也赢得了爱贤爱能的美名。

大家也许还记得《家有儿女》中有这样一个片段，那就是当刘星被人欺负时，夏东海为了给刘星树立父亲的威信，被"逼着"去找人家算账，结果，因为夏东海的宽厚仁和的性格，最终并没有产生冲突，而刘星也在这一事件中知道了宽容的力量，而对亲爸爸胡一统鲁莽的行为表示了失望。

种种事实都证明，心胸狭窄的父母对孩子的影响是巨大的，既然这样，我们就应该努力摆正自己的心态，努力做一个心胸宽广的爸爸

妈妈。

1．待人以宽——给孩子树立宽容的好榜样。生活中，社区邻里之间，难免会有些小矛盾，作为街坊邻居，忍让三分，便会风平浪静。宽容地对待大家的小错误，既能和睦邻里关系，又能给孩子树立宽容的好榜样。其实，不管是家里，还是外面，只要我们抱着一颗宽容的心去处事，就会让自己快乐多多，也会让孩子变成一个宽厚仁和的人。

2．严以律己——经常检省自己的行为。作为人，难免有些脾气和性格，但是在孩子面前，要时刻注意反省自己的行为，是不是给孩子造成了不良的示范，要处处严格要求自己。即使对一些坏人坏事，恶俗风气要表达自己的愤怒，也尽量不当着孩子的面经常表达。毕竟孩子还小，他们并不懂这样做事有时是必要的，他们也许只会记住父母的大呼小叫，认为父母心胸狭窄。

3．步调一致——父母相敬如宾好处多。很多孩子心胸变得狭窄，并不是从父母对外人的心态感受到的，而是父母之间表现出的争吵，步调不一致中感受到的。有的父母为了孩子教育的事情，经常争执，各执己见，谁也不服谁，当着孩子的面争吵，这样一来孩子就会无形中感觉到父母心胸狭窄，对父母失去信任，不愿意和父母进行交流。所以，建议在孩子面前，父母之间要表现出相敬如宾的感觉，对爱人宽容，就是对自己宽容，也是对孩子最好的教育。

4．同伴交流——让孩子多与人相处。宽容之心不是靠几句道理就能建立的，要让孩子在具体的实践中，慢慢地学会长大，学会宽容。可以带孩子参加小伙伴的聚会，让孩子在集体生活中，体会宽容的重要性；也可以让孩子邀请小伙伴到自己家来做客，让孩子当回小主人，给他机会展现宽容之心。

5．不抱怨——对孩子的自私说不。当遇到孩子回家跟你抱怨说班级同学老是借自己的东西不还，烦死了；或者经常说班上某某同学总

是迟到，真是大懒虫，一点都不喜欢人家；或者对小伙伴的一些缺陷总是唠叨地讲个不停等行为，父母要及时地给予纠正，对孩子的行为说不。要告诉孩子，不抱怨别人的不是，是宽容待人之道。

没事总爱唱反调，孩子逆反不奇怪

瑾在一家杂志社上班，前几年杂志社效益好的时候，大家开开心心上班，高高兴兴拿钱，倒也相安无事。后来，社改企，自负盈亏，各个版面的编辑的工资也跟绩效挂钩。瑾以前仗着资历老，待遇方面倒也不差，现在凭着各自的实力拿钱，瑾就有点争不过别人了。

而恰恰她又是嫉妒心重的人，所以每次开选题会的时候，她总是要对其他人好的创意提出反对意见，说人家的想法如何如何不好，想要打压别人的创意。时间长了，习惯成自然，把工作里的一些情绪都带到家里来，经常找由头跟老公唱反调，把工作中的怨气撒到老公身上来。有一回，家里商量要换电视，老公问："老婆，你来拿主意吧？"

"要我拿主意，要你这个大男人干嘛的啊！"瑾顶了一句。

"那就买个29寸液晶的吧！"老公给出了一个意见。

"要那么大干嘛，真不知道你怎么想的！咱家有那么大的地方吗？"瑾开始数落老公。

"那你说买多大啊！"老公无辜地说。

"你自己拿主意啊！不是你非要换的嘛！"瑾甩出一句来。

老公刚要说意见，又咽回去了，反正提了她肯定要反对，想想还是干脆不提这事了吧！于是来到格格房间督促格格写作业。

不但常跟老公顶牛，她还常常把这样的情绪带到女儿的教育中来。

瑾的女儿格格今年上三年级，活泼可爱，牙尖嘴利，能言善辩，别人要是跟她讲道理，她总是习惯性反驳别人。前几天，瑾的小学同学陈跃到她家来玩，正好看见格格在画画，就站在边上逗她说："哎呀，格格画画真好看！"

格格听了后，撅起小嘴巴说："阿姨，我画的并不好看，我前几天画得才

好看呢！”

陈跃听了，为了鼓励她，继续说：“阿姨还是觉得这幅很好看！”

“阿姨，你懂不懂画画啊，怎么好坏画都不分呢？”格格有点生气地说道。说完自顾自画画，不理陈跃了。

陈跃一看格格生气了，就哄她说：“好好好，这幅画画得不好看，行了吧？”

“哼，你们大人真虚伪，刚才还说好看，现在就说不好看了！”格格边画画，边皱着眉头说道。

这么一说，让陈跃哭笑不得。

小小孩童，说出如此让人哭笑不得的话，跟其成长的环境和家庭氛围有着很大的关系。做父母的总是对自己遇到的事情唱反调的话，往往也会把这种行为传递给孩子，让孩子也变得逆反，不懂事。仔细分析一下，因为父母的问题而促成孩子逆反的原因主要有这样几个方面：

第一，父母不和睦。父母长期不和，为了一点小事就争吵，甚至打架，会让孩子产生焦虑、紧张的心理。为了保护自己，会从心里对外界产生抗拒，不信任任何人，甚至产生反抗家庭，反抗社会的行为。

第二，父母唠叨。根据相关调查，现在的孩子最怕父母唠叨了，而且孩子对父母的唠叨普遍抱有逆反心理，对父母的话不理不睬，表面上遵守，其实根本没往心里去。父母对孩子唠叨，让孩子觉得厌烦、反感的同时，也会让孩子失去对父母的信任，产生亲子沟通的障碍。

第三，父母粗暴。很多孩子反映在家里父母根本不听自己的诉求，总是不考虑自己的情绪，所以特别讨厌和父母交流，很不愿意和父母分享自己在学校里的新鲜事，都是因为父母采取的粗暴的教育方式让孩子觉得反感，觉得跟父母没话说。

因为父母的观念、家教方式而让孩子产生逆反心理，总是以自我

为中心，不顾他人感受，是需要做父母的好好反思的问题。那么在生活中，我们到底如何做，才能有效地防止孩子产生逆反心理呢?

1．夫妻和睦——保持一个安定团结的家庭氛围。俗话说："家和万事兴"，在教育孩子的过程中，夫妻双方要尽量保持步调一致，保持家庭安定团结，给孩子创造一个安静、舒适的家庭氛围。夫妻之间有什么争执，可以在孩子不在家的时候商量解决，尽量不要在孩子面前吵吵闹闹。以免孩子产生不安全感，从而对父母，对家庭产生怨恨，而起逆反心理。

2．少说多做——教育孩子的主要原则。教育孩子过程中，不要跟孩子讲大道理，孩子还小，他们根本听不懂深奥的道理，他们爱玩的天性也导致他们不愿意多听父母的唠叨。为了让孩子养成好习惯，我们需要少说多做，和孩子定好了规矩，就要行动起来，按照规定执行，给孩子公平公正的示范，这样才能有效地培养孩子的好习惯，也能有效地避免孩子的逆反心理。

3．方式恰当——教育孩子要注意方式。和孩子沟通交流时，要注意方式方法，采用命令式，抱有"棍棒底下出孝子"的想法，肯定会把孩子"逼反"的。孩子犯错误时，本来就很紧张了，如果我们还大声地训斥，孩子就会产生紧张感，感觉父母不疼爱自己了，进而就会怨恨自己，怨恨父母，从而产生反抗的心理，影响孩子的身心健康。

4．换位思考——给孩子自由成长的空间。现在的孩子自由的时间实在太少，周一到周五被排山倒海的作业压得喘不过气来，周末还要上各种各样的补习班，而寒暑假则成了第三学期。在这样高强度的学习下，父母们还是不满足，常常责怪孩子不够努力，给孩子提出很多难以达到的要求，达不到就会批评孩子，这样长期以往，孩子肯定会产生逆反心理的。因此，在孩子的教育过程中，我们应该多换位思考，替孩子多想想，他们其实很辛苦、很勤奋。我们要学会保护孩子成长的空间，给孩子充分的自由!

遇事冷静不急躁，缓解孩子的焦虑情绪

王彦最近老是心神不宁的，公司人员结构调整，自己在销售部副总的位置上已经干了5年了，如果冲一冲，就有机会提升为销售部总经理，但一时不知道从何处着手。这天晚上，把女儿豆豆安排睡下了，夫妻俩开始商量工作的事情。

老公是大学老师，基本不问世事，木讷得很。王彦问他道："老公啊，我们销售部老总可能要上调总部当副总去，我们部门的几个副总中，数我干得时间最短，又是女的。所以要是托个人，活动活动，也许我销售部总经理的位置就落实了。现在就是要想想看要找谁来帮这个忙了，你说呢？"

躺在床上看书的老公也不知在没在听，从喉咙吐一个字："嗯！"

王彦等着他的下文，谁知他自顾自看书去了，再也没有话了。王彦一看老公这么不关心自己的事业，就生气地跟老公吵起来了，把快要睡觉的豆豆吓得赶紧跑到爸妈的卧室看发生了什么事情。

由于心里装着事情，这几天王彦干什么都觉得不顺心，经常因为一些小事发脾气。前天晚上，豆豆的数学作业写得慢了一点，她就很生气，一把把豆豆的作业本拿过去，厉声说道："你看看现在几点了？一点点作业怎么写这么慢啊？你是不是找揍了啊？"

豆豆从来没见过妈妈这么生气过，吓得缩成一团，小声地说："妈妈，你好像大灰狼啊！"

一句话，把正在气头上的王彦逗得笑了起来，也意识到刚才自己有点急了。连忙蹲下来抱着豆豆，亲亲她的小脸，一脸歉意地说道："豆豆乖，妈妈不是故意的，别害怕啊！"可能是自己把焦虑情绪传染给了豆豆，一天中午，班主任陈老师打来电话说豆豆上课时老是心神不宁的。

做父母的，和孩子朝夕相处，父母笑，孩子也开心；父母忧，孩子也会紧张焦虑。父母就是孩子的天，天晴了，孩子的心里也会充满快乐；天阴了，孩子的内心一片灰暗。父母为什么会遇事不冷静、出

现焦虑现象呢？原因有很多种，大致可以分为这样三种类型。

第一，生活所迫型。一家老少需要过上好的生活，为了生计发愁，在人生短短几十年中是常有的事情。一旦工作上遇到波折时，就会表现出忧愁甚至烦躁。而这样的情绪常常会无形中传递给孩子。

第二，情感失和型。父母双方在情感交流上出现了问题，互相之间不再体谅对方的辛苦，不再为对方考虑，对对方的很多做法不能容忍了，就会起争执，甚至吵架打架。而孩子最怕的就是爸妈感情不和，害怕同时失去爸妈的爱。

第三，无理取闹型。有些父母性格偏执，遇事冲动鲁莽，常常跟人发生争执，搞得人际关系紧张，这样的状况很快就会传染到整个家庭，让孩子产生焦虑感和自卑感。觉得自己的父母给自己丢脸了，让自己在众人面前，尤其是同学面前抬不起头来。所以，孩子也会产生焦虑、紧张的感觉，影响孩子正常的学习生活。

那么，作为父母，我们如何改善自己的心态，做到遇事沉着冷静，给孩子树立一个好的榜样呢？

1．不当孩子面谈困难——有多少苦都自己扛。很多时候，我们需要孩子懂事，需要孩子理解我们的辛苦，就会在孩子面前大倒苦水，希望孩子能够了解父母的感受，用心读书。期望是美好的，结果却往往适得其反。孩子毕竟还小，他们还无法切实体会生活的窘迫，所以不会对家里生活困难有所体会，而父母老是在孩子面前说家里如何如何困难，会增加孩子的心理负担，觉得家庭没有安全感，就会产生焦虑、紧张。所以，在孩子面前尽量不要谈家里的苦难，有多少苦都自己扛吧，给孩子一个快乐健康的成长空间，对孩子的心理健康发展是有益的。

2．不当孩子的面吵架——有多少不和都私下解决。父母是孩子的天，是孩子的保护伞，一旦父母感情失和，吵吵闹闹，孩子就会失去安全感，变得躁动不安，心神不宁，紧张焦虑。所以，即使在夫妻生

活上有不同的意见，可以选择孩子不在家时，或者避开孩子来解决。当着孩子的面吵架甚至打架，会给孩子的心灵造成难以愈合的伤口。

3．不跟孩子发脾气——有多少情绪都自己调节。当你情绪不好时，孩子马上就能够感受得到，如果父母长期发脾气、爱生气，孩子就会变得紧张焦虑，心神不宁。所以建议父母们，如果自己有什么情绪，要避开孩子来进行调节，不要在孩子面前发火，更尽量不要对孩子发火。孩子不是我们的附属品，我们没有权利把自己的无名之火发在孩子身上，我们也不必因为孩子的错误而大发雷霆，这世上没有不犯错误的孩子，不犯错误的孩子就不可爱了。所以，我们需要学会调节自己的情绪。

4．要和孩子做朋友——沟通，从心开始。生活中，为了消除孩子的紧张焦虑感，可以尝试和孩子做朋友。当面不便说出的话，可以采用小纸条、邮件，或者QQ聊天的形式像朋友一样和孩子交流讨论遇到的困难和自己的苦恼，从而有效地跟孩子进行亲子沟通，及时掌握孩子的心理动态，及时消除孩子可能产生的紧张焦虑感。

第六章

好习惯从生活细节中来

前中国男足主教练米卢提过一个著名的口号叫做："态度决定一切。"后来有人又加上一句："细节关系成败"。孩子的好习惯，来自于对生活细节的观察和把握。把细节的东西做好了，好习惯自然就形成了。一个细心给小花洗灰尘的孩子，一个在雨天知道提醒爸妈带伞的孩子，一个能够忍受寂寞，认真学习围棋的孩子，一个把蛋糕留给别人的孩子……这样的孩子在细节中展示他们的可爱，彰显了他们的智慧，体现了他们的好习惯，也体现了父母们重视细节教育的结果。

第六章 好习惯从生活细节中来

培养好习惯重在实践

中秋节快到了，李元一家和张群一家照例在中秋节前一天聚聚。两家的孩子都上五年级了，两家大人到一起，话题自然离不开孩子。

李元说："我们家玥玥每天回家写作业都很慢，我跟她妈妈每天都要盯着她写作业！"

"那你要好好说说她了！"张群接过话来。

"怎么没有说啊，我每天在家都说她，要她写作业快一点。小时候还好点，现在长大了，嫌我烦了，说多了，她还跟你顶牛，你说气人不气人。"玥玥的妈妈的王琴说道。

这时在一边玩的玥玥突然插话道："我妈烦死了，每次要我做什么时，都要说个不停，我在边上写作业，她就不停地提醒我快一点，快一点的！跟催命鬼似的！"

玥玥还要往下说，被爸爸用眼神制止了。这时一直坐着跟自己儿子彤彤聊天的张群的爱人赵霞接过话茬说道："其实，孩子的好习惯不是靠我们大人说出来的，是要有步骤地训练出来的。比如我们家彤彤，小时候特别胆小，晚上不敢一个人睡觉，还特别怕黑，但是孩子渐渐大了，总不能老跟我们睡啊！所以我就训练他，有时候晚上故意把灯突然熄了。一开始他特别害怕，我就及时地跑到他面前安慰他，跟他说话，分散他的注意力，训练了好几次后，他的胆子慢慢变大了，晚上不怕黑了，也敢一人睡觉了。"

张群也说道："是的，我们家彤彤的好多习惯一开始很差，比如握笔的姿势，老是不正确，我讲过多次都没有用，后来赵霞就手把手地教他，然后每天都监督他写字的姿势，做得对就奖励他，不对就纠正，大概过了两三个星期，写字的姿势就对了。"

播种行为，可以收获习惯；播种习惯，可以收获性格；播种性格，可以收获命运。孩子好习惯的养成不是靠说教出来的，因为当孩子不知道怎么做一件事时，不管你怎么说他，都是无效的，因为他不

知道操作的方法和流程。还有，如果在孩子不会或者做错的情况不停地说孩子，甚至数落孩子的话，会让孩子产生自卑心理，逃避学习新鲜事物，对孩子的身心发展是不利的。

好的习惯是要靠训练得来的，实验证明，21天以上的重复会形成习惯，90天的重复会形成稳定的习惯。所以一个观念如果被别人或者是自己验证了21次以上，它一定会变成你的信念。

习惯的形成大致分成三个阶段：

第一个阶段是头1～7天左右，这个阶段的特征是“刻意，不自然”。需要不断地提醒孩子刻意地去改变，这个阶段，孩子会觉得有些不自然，不舒服。

第二个阶段是7～21天左右，这一阶段的特征是“刻意，自然”，孩子已经觉得比较自然，比较舒服了，但是一不留意，他还会回复到从前，因此，你还需要刻意地提醒孩子要改变。

第三阶段是21～90天左右，这个阶段的特征是“不经意，自然”，其实这就是习惯，这一阶段被称为“习惯性的稳定期”。一旦跨入这个阶段，就已经完成了自我改造，这个习惯已成为你生命中的一个有机组成部分，它会自然而然地不停为你“效劳”。

养成一个习惯至少需要21天的时间，而要纠正一个坏习惯，需要的时间也许更长。在孩子习惯养成的时间里，作为父母必须采取必要的措施，制订扎实有效的训练方案，让孩子按照步骤一步步把好习惯找回来。具体来说：

1．自己的事情自己做——训练孩子的自理能力。现在的孩子，多是独生子女，所以父母长辈对孩子格外疼爱，别说家务活，连孩子自己的事情也很少让孩子来干这样一来，孩子的自理能力就会弱化。而自理能力不强的孩子习惯就会很差。因此，生活中，父母应该培养孩子养成自己的事情自己做的习惯，比如，自己房间的卫生自己打扫，自己叠被子，自己洗澡，自己穿衣穿鞋等。在让孩子把自己事情

做好的过程中，练出好习惯。

2．正确的方法最重要——给孩子方法的指导。很多情形下，孩子不是不想做一件事，而是不会做，这个时候，靠说教是无益的，这就跟一个人要想学会游泳必须进到水里去一样，要想孩子养成一种习惯，就必须教给孩子做这件事的方法。比如，我们要训练孩子做作业不拖拉的习惯，就要先教会孩子高效完成作业的方法。可以教孩子分割时间，利用零散时间；还可以将作业分段，每段完成适当的量，让孩子不觉得写作业是负担，孩子就会提高效率；或者让孩子在学校期间将家庭作业完成一半，这样回家花的时间就少很多，提高效率等。当我们在给孩子灌输这些快速完成作业的方法时，孩子的好习惯就在无形中建立起来了。

3．摆脱教育基本靠吼的习惯——对孩子习惯的养成要有足够的耐心。有些父母对孩子的教育基本靠吼，孩子稍有怠慢，就会不停地指责数落孩子。比如，孩子作业写慢了，就说孩子是“蜗牛”，慢死了；孩子经常忘记带作业本，就数落孩子是“忘性大王”。在孩子习惯养成的过程中，这些言语或者行为都是不恰当的，根据习惯养成的规律和时间来看，我们对孩子的习惯养成必须具备一定的耐心，孩子的事，是急不来的。只有有耐心地慢慢指导，才会有效果。

4．吃一堑长一智——引导孩子及时总结经验教训。很多时候，孩子养成一个好习惯，是在碰了很多次壁后，学会反思总结才做到的。因此，平时，要引导孩子对自己的行为好好进行反思和总结，让孩子在碰了钉子后，能够反思更好的做事方法，这样才有助于孩子好习惯的快速养成。

习惯养成要坚持不懈

一天下午，黄老师正在办公室改作业，突然手机响了，接通电话，电话那头是罗小虎妈妈的声音。

罗小虎妈妈说："黄老师啊，我们家小虎最近又迷上电脑游戏了，上两个星期，你找他谈了话，好一点了，没想到这才过了这么几天，他又开始玩游戏了，您说我该怎么管教他啊！"

"您先别着急，等我找孩子了解一下情况再跟你商量怎么办好吗？"黄老师安慰小虎的妈妈。挂了电话，黄老师定了定神，罗小虎的种种表现浮现在他的眼前。

罗小虎是班上的风云人物，数学作业从来不做，却经常考90分以上，但语文从来都不及格。不但学习严重偏科，而且还是个小调皮鬼，班上哪里有不好的事情，哪里就有他参与。前几天，班上戴翔的一百元钱丢了，他自告奋勇去追查，结果怀疑隔壁班的一个同学，冲进人家教室，把那个同学拖出来打了一顿，最后差点被开除。

半个月前，他又迷上了电脑游戏，黄老师找他谈过几次话，效果还不错，因为他就服黄老师。这次又开始玩游戏了，是不是有什么原因呢。

于是，下午放学后，黄老师把罗小虎请到了自己的办公室，开门见山地问："你妈妈打电话给我说你最近又开始迷上打电脑游戏了，是这样吗？"

"是的！"罗小虎回答的也很干脆。

"那你能说说为什么吗？"黄老师追问道。

罗小虎想了想："也没有什么原因，最近我妈妈老是加班，我爸下班也晚，他们也不管我了，所以我就玩了！"

黄老师了解了原因后，就打电话和小虎的妈妈沟通了此事。小虎妈妈回家后，对小虎又严格了起来，可是隔了一段时间后，又打电话来反映同样的问题。小虎爱玩游戏的习惯还是没有改变！

生活中，我们经常遇到这样一个问题，要培养孩子的一个好习惯也许坚持一下就能够成功，而要改变孩子原来有的坏习惯，却往往不得要领，反反复复。其实，这是很多父母没有明白习惯养成要坚持不懈所致。

很多父母对孩子往往是三天紧两天松，雷声大，雨点小，说得

头头是道，执行起来却很难。比如，有的父母反映自己的孩子经常不跟家里打招呼就去小伙伴家玩，让自己很担心，但是又找不到好办法。而让孩子养成不管去哪儿都跟父母打招呼，让父母安心的习惯，其实很简单，那就是当孩子不跟父母打招呼时，必须给孩子一个深刻的教训。很多父母都知道这个道理，但是执行起来却很难，总是被宠爱孩子的心态所拖累。而一旦我们对孩子放松了，他的好习惯就很难养成，反而会养成更多的坏习惯和小毛病，让家庭教育进入“恶性循环”的境地。既然这样，作为父母，我们该如何坚持才能让孩子的好习惯建立起来呢?

1．较真——培养孩子好习惯的原则。教育孩子的过程就是跟孩子较真的过程，当做父母的跟孩子较真了，孩子才会认真起来。比如，每天的家庭作业要求父母检查，一开始，孩子抱着认真的态度写好作业，给父母检查，这时父母因为有事或者态度不够认真，随便翻了翻，或者直接不看，随口说了句：“我相信你已经完成了！”孩子就会觉得自己的劳动并没有获得父母的认可。同时获得了一个信息，那就是自己的作业可以随便写，反正父母不是太在乎，连检查都草草了事。假如父母真如孩子期望那样，认真看孩子的作业，对孩子的错误及时纠正，对孩子的不认真态度进行批评教育，或要共重写，孩子就会逐步养成认真写作业的好习惯。

2．经历——培养孩子好习惯的方法。任何一个好习惯的养成，都必须建立在孩子长期坚持的基础之上，如果只是管教，而不放手给孩子经历的机会，孩子将永远得不到锻炼。比如，孩子不喜欢看书，我们可以尝试着带孩子去书城，让他浸润在书的海洋里，受书香的熏陶；可以在家里举办成语接龙比赛，给孩子展示知识才能的机会，并且及时地给予表扬和奖励，让孩子对获得文化知识感兴趣，从而喜爱读书；或者从父母做起，做一个爱看书，爱读报的人，这样孩子也将受父母的影响，逐渐喜欢读书学习。而这样习惯的养成，必须注重孩

子的经历体验，将孩子引导到具体的氛围中来，然后坚持下去，孩子总有一天会养成好习惯的。

3．耐心——培养孩子好习惯的心态。一个人养成一个好习惯至少需要21天的时间，而在孩子习惯的养成过程中，作为父母应该有耐心，有等待的时间，让孩子慢慢去习惯，不要动不动就对孩子的错误和不足发火，导致孩子在好习惯养成的道路上经常半途而废，反反复复。比如，有的孩了写字比较慢，父母们一开始还很有耐心地陪着孩子，等到自己事情一多，忙碌起来了，就急躁了，开始不停地催促孩子，甚至有时候帮孩子把字写了，这在孩子形成习惯的过程中，是极不科学的做法，不但不会帮助孩子，可能会让孩子变得更加糟糕。

抓住细节，好习惯自然养成

爸爸最近发现小青在吃饭时，老是左挑右捡的，这个盘子里拨拨，那个盘子里动动，本想好好训斥一顿，转念一想，孩子以前没有这样的习惯，为什么最近会这样呢？

于是，在一次吃完饭后，爸爸开始和小青谈心，问道："宝贝，你最近吃饭时，为什么老是喜欢在盘子里左挑右捡的呀！"

"我在找自己喜欢的菜吃啊！"小青觉得稀松平常。

"哦，可是你那样左挑右捡的，会让其他人觉得很不舒服，你知道吗？"爸爸继续说道。

"又不是在别人家，在自己家吃个饭哪有那么多的规矩啊！"小青不服气地说道。

爸爸见小青很不服气，温和地说："在家是可以随意点，但是很多习惯都是从细节中养成的，你以为在家就可以随便点，但是已经影响了我和你妈妈吃饭的心情，我们不习惯你这样的行为。还有，当你在家习惯了这样，在外面时，可能也会这样，会给别人带来不愉快的心情！"

"嗯，那我每次吃饭自己吃一盘，不跟你们一起吃行吗？"小青继续

说道。

“可以啊，但是你自己好好想想，是你每次注意点礼貌好，还是你每次都跟我们分开吃饭好！”爸爸继续温和地说道。

“那我以后注意点好了！”小青想了会，回答道。

这以后，每次吃饭，只要小青想挑挑拣拣的，爸爸就会用眼神示意她，她就会注意自己的行为。一段时间下来，小青再也不在吃饭时在菜盘里左挑右捡的了。

不论是好的习惯，还是不好的习惯，无疑都是从生活中的点滴细节中来的。在孩子的教育过程中，当我们忽视了某些细节教育时，孩子的坏习惯就接踵而来。比如，某一次在家，孩子有空余时间，爱好玩电脑的你心情也不错，带着孩子学会了玩游戏，从此以后，孩子就与游戏结了不解之缘，当你不在家时，孩子就会偷偷玩游戏，如果再加上疏于管束，孩子还会成瘾。再比如，当孩子因为晚上事情比较多，所以作业写得潦草了点，你慈爱的心觉得孩子很累了，偶尔马虎一次也无妨，可就是这一次，也许就会传递给孩子一个信号，以后凡是事情比较多时，作业都可以写得潦草，而不会得到父母的责罚。还有很多事情都是这样，也许在我们的不经意间，就传递给了孩子一些不良的信息，让坏习惯出现在孩了身上。

假如我们重视细节教育，好习惯也许就能和孩子相伴终生。比如，孩子老是和别的小朋友闹矛盾，很多家长会不注意这些事情，有的认为这只是孩子之间的正常现象不必理会，还有的认为孩子比较调皮，严厉斥责孩子。但是如果仔细观察就会发现，其实是孩子在家缺少关爱，爸爸妈妈不理会孩子而使其产生的紧张寂寞所致。那么这时，父母要是能够及时地给予孩子关心，对孩子多照顾点，孩子获得了安全感，也许就会减少和别的小朋友闹矛盾的可能性，改变老是打架的习惯。我们可以将细节教育如何引领孩子好习惯的形成仔细梳理一下，大概有这样几个方面：

1．抓生活细节——培养孩子良好的生活习惯。生活习惯包括饮食、起居、睡眠、卫生等等。生活中，孩子能够做到的事情尽量让孩子自己去做，但是在放手让孩子做事的过程中，要注意细节，及时对孩子的坏习惯给予纠正。比如，孩子喜欢挑食，不爱吃蔬菜，就要及时地给孩子讲解蔬菜对人体的作用，并且可以将蔬菜的做法进行调整，把蔬菜和孩子喜欢吃的食物放在一起让孩子吃，并且平时注意提醒孩子多吃水果。还有，孩子喜欢躲在被窝里看书，对眼睛有很大的伤害，要及时地给予制止。此外，还应保证孩子充足的看书时间和户外活动的时间，或者在孩子睡觉前和孩子做一些小游戏，引导孩子踏实睡觉。总之，抓住生活中的细节，才能有效地控制孩子的不良习惯，保证孩子好习惯的养成。

2．抓行为细节——锻炼孩子良好的行为习惯。良好的行为习惯包括讲礼貌，讲卫生，慎重交友，认真听课，孝顺父母，心理健康，好的用钱习惯等多个方面。良好的行为习惯是孩子立身的根本，也是孩子个性养成的重要标志。在教育过程中，要抓住细节，及时地对孩子的一些不良行为予以制止和纠正。比如，孩子早恋了，发现孩子晚上在家老是打电话给同学，而且还比较固定，这时，做父母的就要注意观察孩子的细微变化了，如果确认孩子早恋了，要注意疏导，不能盲目地严厉制止，要循循善诱，跟孩子讲清楚学业的重要性，理解并包容孩子的情感。再比如，孩子每周的零花钱都用得很快，这时要留心孩子的钱都用到了什么地方，是不是干了不该干的事情，及时关注孩子的零花钱，可以有效地防止孩子迷上电脑游戏，结交不良朋友等坏习惯。

3．抓心理细节——培养孩子健康的心理状态。现在的父母，大多只关注孩子的成绩，而不关心孩子的情绪变化，其实，孩子的情绪对孩子各个方面的发展具有很大的作用，孩子拥有健康的心理状态、积极的人生观对孩子将来的发展大有好处。所以，教育过程中，要留心孩子的心理变化，及时对孩子的情绪进行调节，从孩子的表情和行为中读懂孩子的心理变化，及时给予孩子心理疏导，以防造成孩子的心理创伤。

4．抓财商细节——培养孩子健康科学的金钱观。现在生活条件好了，孩子接触钱的机会多了，在孩子的成长中，因为用钱不当而导致孩子学习、品质下降的例子不胜枚举。因此，在平时的教育过程中，应该抓住孩子的财商教育细节，注重让孩子建立科学的金钱观，引导孩子学会用钱，不受金钱诱惑和束缚。

和孩子一起养成好习惯

浩浩的爸爸是出租车司机，平时特别忙，但是一闲暇下来，就一个爱好，那就是看书。而浩浩的妈妈在一家纺织厂当工人，工作也特别忙。每天放学回家，家里只有浩浩一个人，他第一件事就是写作业，然后看自己喜欢的课外书。一直等到妈妈下班回家，然后等饭做好了，爸爸也快回来，然后一家人围在一起吃饭，边吃饭边看电视。然后浩浩继续看书，到点就去睡觉。生活上、学习上一点也不用爸妈操心，特别懂事。而浩浩有这么好的习惯，都是在爸爸的影响下形成的。

有一天，爸爸快下班了，正好在浩浩学校附近，就不做生意了，直接把车开到学校门口接儿子回家。

接到浩浩，在车上，父子俩就开始聊读书的事情。

爸爸问："今天课文里讲到三国演义的事情了吗？"

"嗯，讲到了，讲到诸葛亮草船借箭的故事了，老师讲得真精彩！"浩浩兴奋地说道。

"嗯，很好啊！语文学得不错！那今天英语学得怎么样啊？"爸爸随口问道。

浩浩说："你来考考我吧！"

于是父子俩你一句我一句开始练习起英语来。

这位父亲是笔者的一位朋友，笔者惊叹于他们这样一对父子相互学习，共同成长的状态，他们的其他朋友也都很惊叹这样一对父子。虽然开出租车比较辛苦，一天到晚都要在外面跑生意，但是做父亲的就抓住一切机会和孩子一起学习。而儿子在爸爸的带领下，也变得喜欢学习，喜欢读书，并且特别懂事。

父母就是孩子的天，是孩子的第一任老师，父母给孩子什么样的示范，就有可能造就孩子什么样的习惯，父母给孩子播种什么样的行为，就有可能养成孩子什么样的性格。作为父母，要想培养孩子的好习惯，最好是和孩子一起成长。父母带着孩子亲自去做一件事会让孩子觉得惊喜、欣慰和有动力。在父母的参与下，孩子将会变得更加积极，更加有信心地去完成一件事，养成一个好习惯。

但是，在实际生活中，我们却常常见到这样的父母，他们在要求孩子安静的同时，却和同事朋友说说笑笑，不顾孩子的感受；他们希望孩子多读书，却沾书就睡，丝毫提不起兴趣来；他们希望孩子宽容待人，却常常和邻里之间吵架拌嘴，得理不饶人；他们希望孩子走出家门，多跟人交往，自己却不善言谈，不喜与人来往。做父母的都不愿意做的事情，孩子怎么会愿意去做呢？做父母的自己都办不到的事情，又怎么要求孩子去做到呢？做父母的自己都没兴趣做的事情，孩子又怎么会感兴趣呢？因此，和孩子一起培养好习惯吧！既然这样，很多父母就要问了，怎么做才能更好地培养孩子养成好习惯呢？

1．今天的事情不拖到明天——给孩子不拖拉做事的示范。在培养孩子好习惯的过程中，做父母的自己就要注意做事不拖拉，做到今日事今日毕，不要老是找借口说自己很忙或者忘了之类的话。假如自己做不到，还不如根据实际情况，不安排这样的事情。只要父母做到做事不拖拉，给孩子一个正面的示范，就可以有效地防止孩子养成拖拉延迟的习惯。

2．做得好，有奖励——用奖励激发孩子养成好习惯。当孩子在某

一方面表现好时，可以适当地奖励孩子，用物质的方式激发孩子养成好习惯，进而坚持自己的习惯，直至稳定。并且在奖励的过程中，把自己也算进来，跟孩子一起接受奖励或者惩罚，这样就会让孩子找到盟友，更加有信心养成好习惯。当然，奖励要有度有节，不能盲目奖励孩子，这样反而会养成孩子不好的习惯。

3．我和妈妈有个约定——用契约的形式约束孩子。爸爸和妈妈可以给孩子提出几点要求，孩子也可以给爸爸妈妈提出几点要求，如果做到了，有什么奖励，如果没有做到，有什么样的惩罚。这些都写下来，双方确认、签字，孩子和父母按要求相互监督。

4．坚持就是胜利——激励孩子坚持好的习惯。坚持就是胜利不光是说给孩子听的，也是说给自己听的，当自己能够坚持一个习惯时，孩子也会受你激励，尽力去完成。好习惯的养成需要至少90天的反复锤炼，因此，在生活中，可以采用物质奖励、精神激励等形式鼓励孩子坚持好的习惯，直到习惯稳定养成。

5．“好习惯就是好！”——让孩子体会好习惯的好处。作为父母，平时就要自觉养成好习惯，比如，不熬夜，早起锻炼等，并且带着孩子一起坚持这些好习惯。这样一来，孩子就会领会到好习惯的好处，同时心里上也会得到安慰，毕竟爸爸妈妈都做到了，自己为什么不能做到呢？同时，教育过程中，还要抓住孩子成长中的典型事例，比如写作业认真被老师表扬，睡觉老是蹬被子冻感冒了等事例，从这些事例中帮助孩子体验“好习惯让自己尝到甜头，坏习惯使自己吃到苦头”。

6．好父母带出好习惯——做孩子好习惯的领路人。父母是孩子习惯的老师，当父母坚持做一些正确的事情，并且养成良好的习惯，比如，每天早晨起来晨练，坚持将被子叠得方方正正，坚持每周打扫一次卫生等，当孩子处于爸爸妈妈这些好的行为习惯的熏陶下，他们会慢慢养成属于自己的好习惯！

与同伴竞争，激励孩子养成好习惯

秀秀今年9岁，暑假期间参加了学校组织的美国夏令营活动。到美国的当天，大家需要把行李拿到自己住的地方。平时养尊处优惯了的秀秀连自己背的小包都不愿意拿，等着老师帮自己拿，可是带队的莉莉老师拎起自己的包自顾自走了，其他的同学也拎着自己的包紧跟着，秀秀看别人都拎了自己的包走了，只好也自己拿包跟上。

第二天，跟美国一所小学的孩子们在一起联谊，去参观当地的一家博物馆，博物馆离住的地方不远，大家决定步行过去。一路上大家有说有笑，就秀秀一个人不高兴，嫌路太远了，还嫌自己拿的东西太重了。这时莉莉老师鼓励她说："秀秀，你看其他同学的表现多好啊！我们现在跟美国的小朋友在一起活动，我们可不能输给人家哦！要不然会丢中国同学的脸！"在莉莉老师的鼓励下，秀秀鼓起勇气，昂首挺胸地跟上了队伍。吃晚饭时，莉莉老师还特别对秀秀提出了表扬，这给了她很大的鼓舞。

在接下来的一个多星期里，秀秀在同学们的带动和莉莉老师的激励下，逐步改掉了怕吃苦的毛病，很快跟美国的小朋友打成了一片，玩得非常开心。

竞争，对人的发展和社会进步有促进作用。它给我们以直接现实的追求目标，赋予我们压力和动力，能最大限度地激发我们的潜能，提高学习和工作的效率；使我们在竞争、比较中，客观地评价自己，发现自己的局限性，提高自己的水平；能让我们的集体更富有生气，丰富我们的生活，增添学习和生活的乐趣。

孩子的很多潜能就是在激励的过程中被激发出来的，尤其是在同伴竞争中，因为跟同伴在一起，孩子首先没有距离感，非常熟悉，假如其他孩子都能够做到的事情，孩子就会想，自己也能做到；孩子还会想，跟我一样的小朋友都做到了，我要是不做的话，太丢面子了。基于这样的考虑，在培养良好习惯的过程中，有必要引入适当的竞争，尤其是同伴之间的竞争。

那么，在家庭教育过程中，做父母的如何引导孩子参与到同伴竞争中去，从而养成好习惯呢?

1．培养孩子善于交际。生活中，经常带孩子走出家门，到小区里和其他的孩子一起玩耍，或者去公园，去参加夏令营或者小记者团活动，让孩子在与小伙伴们一起玩耍的过程中，学会与人交流，养成善于表达，善于交际的好习惯。比如，一个小女孩因为舞跳得好，受到大家的欢迎，产生了骄傲自满的情绪，她的妈妈就引导其参加南京市少儿舞蹈比赛，让初登大赛舞台的她受到挫折，体会人外有人的道理，让孩子在与人交往的过程中学会谦虚。

2．培养孩子帮助他人与人为善。生活中，遇到孩子主动帮助别人的时候，要及时给予表扬和奖励，并且对孩子说，当别的小朋友欺负同学时要给予制止，告诉孩子这样的行为非常不好，引导孩子与人为善，热心助人。如，红红是班级的学习委员，班级举行小先生制，她第一个报名，要帮助同桌亮亮，因为她觉得帮助别人是一件非常快乐的事情。

3．培养孩子慎重交友。在教育孩子与人为善的好习惯时，也要引导孩子注意不要受有不良习惯孩子的诱惑和影响，教给孩子在与人相处时，要分辨人的本质，谨慎交友，谨慎助人。不要盲目地助人为乐，要将自己的交友情况及时跟爸妈汇报，让爸妈帮助其分辨朋友的好坏。孩子一般在上三年级的时候，受到群体的影响已经超过父母和老师了，因此，孩子选择什么的朋友对孩子习惯的养成非常重要，在实际生活中，我们又不宜过多地干涉孩子交友，所以，有必要帮助孩子学会识人，慎重交友。

4．培养孩子勇于面对失败。孩子在与别的小伙伴在一起学习、交流、竞赛等过程中，难免会有失败，这时，要注意引导孩子勇于面对失败，用积极的心态看问题。竞争失败了，也是一种家庭教育的资源，可以借此引导孩子积极面对问题，勇于承担责任和看待失败。小

敏的妈妈平时就注意对孩子这方面的教育，小敏竞选大队委失败后，妈妈找她谈话，小敏理智地说：“大队委竞选只是我学习生活的一件事情而已，我不会太在乎的！”小敏说到做到，在接下来的期中考试中，名列班级第一。

5．培养孩子宽容大度。假如在生活中，发生了自己孩子和别的孩子一起竞选班长，而自己的孩子落选了，这时可以引导他学会宽容大度，向自己的竞争对手表示祝贺。因为这个同学不但是自己的竞争者，更是自己的同学，好朋友。宽容大度地看待对手的成功，是一个人的良好品质。

6．在竞争中让孩子养成良好的习惯。孩子吃饭比较慢，假如这时家里正好来了一个跟孩子一般大小的孩子，这时可以让两个孩子比比谁吃饭更快。在父母的激励下，孩子一般会很快吃完饭。生活中像这样的例子还有很多，在孩子好习惯建立的过程中，适当地引入竞争元素，可以激发孩子的好胜心，从而让孩子达到自律，形成良好习惯！

第七章

孩子的理财观念来自父母

孩子花钱大手大脚，多半跟父母的用钱理念有关；孩子不知道钱从何来，多半与父母很少跟孩子提及金钱的来源有关；孩子喜欢攀比，多半也是因为父母平时对孩子比较纵容所致。总之，孩子的理财观念多半来自父母。作为孩子的第一任老师，在培养孩子财商的过程中，必须严格自律，保持良好的理财观念和用钱原则，这样，才会给孩子一个正确、科学的示范，让孩子也变成一个小小“理财家”。

第七章　孩子的理财观念来自父母

小孩子不用认识钱——不认识钱怎么学习使用钱

小羽今年上二年级，每到过年的时候，去爷爷奶奶，外公外婆，舅舅阿姨家，他们就会给小羽压岁钱。压岁钱给到小羽手里，妈妈很快就会收起来，小羽要看看是钱是什么样的，妈妈就会说："小孩子不用认识钱，小孩子认识钱会变坏的！"小羽不明就里，所以就很少接触钱，反正在家里要什么有什么，在外面买什么、吃什么全是爸爸妈妈买单，自己完全不用操心。

等到小羽上五年级的时候，妈妈发现小羽花钱特别厉害，以前一周给零钱五元，基本上还会剩那么一点，现在是一周25元都不够了，于是妈妈就问小羽："宝贝，你告诉妈妈，你的钱都用到哪儿去了？"

小羽想了想，说道："我也不知道，反正我渴了就买水喝，饿了就买东西吃，平时看到喜欢的玩具就买着玩。妈妈，你问这个干嘛啊？"

妈妈见小羽一点也不知道疼惜钱，就生气地说："你还说，你最近花钱那么厉害，你以为钱从天上掉下来的啊！"

"那钱从哪儿来的啊？不是每次爸爸都会拿出好多钱吗？"小羽不理解妈妈的话，争辩道。

见小羽这么不理解大人赚钱的辛苦，小羽妈妈才后悔自己当初没有及时培养小羽学会珍惜钱，学会用钱。

小羽之所以不知道疼惜钱，就是因为小羽不知道钱从何处来，还没有形成一个正确的金钱观，那么孩子的金钱观跟哪些因素有关呢?

什么是金钱观？简而言之，就是对金钱的认识、分配与使用方法的思考与行为模式。现在，有很多孩子在很小的时候，父母就怕孩子早接触钱，会产生不良的影响，所以一直不给孩子建立正面的引导，总是跟孩子讲："小孩子不用认识钱！"长期以往，孩子就不认识钱了。其实，如果我们能多给予孩子一些正面的教育与示范，就能帮助孩子在未来处理金钱事物上，奠定一个良好的基础。

金钱观分成两个部分，一个是使用的时机与方法，一个是对金钱

处理的看法与态度。常言说："由俭入奢易，由奢入俭难"，正是一般人忽略对金钱观的认知所造成的。对孩子来说，家庭的影响往往是最直接的场所，孩子因为擅于模仿，所以大人的一举一动，无不深深影响孩子一生。现在的孩子许多都是独生子女，在家庭与家族间备受宠爱，因此，大人们常常有求必应，造成子女金钱观的混乱和物欲的膨胀；父母往往认为能给孩子就多给孩子，根本不给孩子接触钱，认识钱的机会，让孩子在享受丰富物质生活的同时，却对创造物质生活的财富一无所知，这对孩子树立正确的金钱观是有很大坏处的。

作为新时代的父母，我们必须要有长远意识，要有投资理财的意识，要引导自己的孩子树立正确的金钱观，为以后的健康发展做好铺垫。具体说来，我们可以做如下的尝试：

1．认识各种币值——给孩子认识钱的机会。首先让孩子认识钱不是简单的一张花花绿绿的纸，而是代表一种价值，一种购买力，用钱可以解决很多问题。接着让孩子知道钱不是直接从银行里或者家里的钱包里来的，而是父母干了一天的工作，工厂才会给父母相应的钱，然后父母才会把钱存到银行或者放进钱包。并且及时地告诉孩子每种面值的钱应该怎么换算，怎么样使用这些钱才是好的。

2．带孩子参观成人劳动——体会钱来之不易。有机会要让孩子看看成人是怎么劳动，怎么制造出产品的；讲讲怎么出售产品，将产品变成钱；再跟孩子讲讲，这些钱又怎么分配给所有参加劳动的人。家长可结合"千人糕"这类故事，让孩子知道劳动是不容易的，很辛苦的，劳动过程中还要靠大家齐心合作。

3．让孩子体验劳动赚钱——体会赚钱的不易。平时，可以设置一些事情，让孩子体验到赚钱的辛苦和乐趣，如：让孩子帮忙去拿牛奶或者拿报纸，一次多少钱。或者，买点小玩意，去路边摆摊，让孩子学会赚钱，体验赚钱的辛苦。

4．节约用钱是美德——让孩子养成勤俭节约的习惯。中华民族历

来就有勤俭节约的传统美德，只是在人们的物质生活水平提高之后，勤俭节约渐渐被人们淡忘。勤俭节约就是要让孩子在生活中学会不铺张浪费。从身边的小事做起，节约用水用电，不爱慕虚荣，从小养成不盲目追求名牌、不与同学攀比的生活作风。

5．带孩子去购物消费——给孩子支配金钱的机会。让孩子认识钱的最好方式就是带着孩子去消费，通过购买商品，让孩子逐步体会到金钱的好处。比如，孩子喜欢上一款好看的游戏玩具，但是需要花很多钱来买。明明可以刷卡消费，但是可以把钱取出来，告诉孩子一个玩具要花多少钱，然后跟孩子讲，这些钱够家里吃几顿饭，是爸妈辛苦工作多少天才挣来的。

6．父母好心态——孩子会用钱。有些父母担心孩子早接触钱，会禁不住诱惑，拿钱去干一些坏事，其实我们大可不必有这样的担心。只要引导得法，告诉孩子钱的用处，比隐瞒不告要好得多。所以，要想孩子有一个正确的金钱观，首先自己要有一个正确的金钱观，对金钱的把握要有理有据有节，这样才能帮孩子树立一个良好的金钱观。

给你钱你就花——父母是提款机，孩子会以为钱从天而降

棒棒从这个学期开始就住校了，小小年纪，就要学会独立生活，确实不容易，所以每周回家，妈妈总是要做好吃的犒劳犒劳他。每周日下午要返校的时候，妈妈都会把零花钱给足了，棒棒每次都会说：“哎呀，够了呀，我也用不完的！”

这时，爸爸在边上就会瓮声瓮气地来一句：“给你钱你就花，别省着，爸妈供得起你上学！”

“可是，我确实够花了啊！”棒棒还想跟爸爸争辩。

“哎呀，儿子赶紧走吧，给你你就拿着，别替家里省着，尽管用，用不完再拿回来嘛！”这时妈妈一边把棒棒送出门，一边劝慰棒棒道。

一开始，棒棒确实也没有花什么钱，但是后来，交了几个爱玩游戏的同

学，他用钱就开始大手大脚起来了。每次回家，都会主动要爸妈多给他点钱，这样就可以买游戏点卡了，或者用来买游戏的账号，给游戏充值。

当爸妈觉得棒棒花钱过多时，就问他："你为什么每周要花这么多钱啊？"

"你们不是老说不要给家里省嘛，要我有钱拿着就花，我怎么知道会花这么多钱啊？"棒棒随口答道。

"那你知不知道钱从哪儿来的啊？"妈妈问道。

"从爸爸的口袋里来得呗，每次我都看见他从口袋里掏出一把钱。"棒棒如实地答道。

当孩子长期处于用钱的饱和状态时，孩子接触钱的机会就会少，独立支配金钱的能力就得不到及时的训练和展现。所以，当孩子遇到刚才妈妈的那个问题时，孩子的回答一定是："钱从爸妈的口袋里来！"他们以为爸妈是提款机，只要自己有需求，就可以获得金钱的满足，所以他们花起钱来，毫不疼惜。如果父母觉得他们花钱多了，他们就会产生逆反心理，对金钱的理解就发生偏差，也许会导致更加严重的情况。

父母尽最大的可能给孩子钱，本意是不委屈孩子，希望孩子的物质文化生活都能得到保障，得到提高，但是当孩子不具备认识钱和驾驭钱的能力的话，孩子的物质文化生活又如何提高呢？当父母辛苦地一门心思为孩子的生活考虑时，孩子却越来越不理解父母的辛苦，因为他们离父母辛苦赚钱的生活已经很远了。所以，为了让孩子有一个正确的花钱意识，我们提出如下的建议：

1．钱来之不易——引导孩子正确看待金钱。理财教育包括三个方面：赚钱、花费、管理。赚钱是得到金钱的方式；花费是消费；管理是对金钱的态度。在日常生活里教孩子正确对待金钱、运用金钱，使其从对金钱的接触中学习自尊、自立、责任才是最重要的事。要通过生活中一些点滴小事情让孩子明白，钱是父母辛苦赚来的，不能随便浪费。还要让孩子知道，钱虽然具备购买力，但是钱不是万能的，钱只是提高生活质量的媒介，不能太看重钱。

2．零花钱计划——教会孩子管理零用钱。从培养孩子最初的金钱意识、掌握初步的钱财支配能力的角度来考虑，适当给孩子零用钱是利大于弊的。一份对我国北京、上海等9个城市青少年的问卷调查显示，城市中6~15岁的孩子平均每人每月可从父母和亲属那里得到60元的零花钱，但家长不监控他们如何使用，从而造成孩子不珍惜钱财的结果。因此，作为父母，教孩子学会管理自己的零用钱，也是对孩子理财教育的重要一步。

3．浪费可耻——引导孩子养成节约好习惯。现在的孩子吃、玩、穿都是名牌，对名牌很崇拜，甚至还会出现攀比现象。因此，平时我们应该教给孩子“节约一分钱就是赚得一分钱”的观念，比如，生活学习用品不攀比，实用就行；要求孩子多留心关掉所有不用的灯；收集整理家中废旧书报卖破烂等；让孩子想出更多的节约主意；可以在家庭开展节约明星比赛，父母孩子同参与，一个月看谁最会节约。

4．谁买东西谁付钱——引导孩子为钱承担责任。如果在花钱上有什么闪失，不要为孩子开脱，让其承担决策失误的责任，并从经验中学习。孩子长大一些时，就让他共同承担家庭的财务目标，了解家里为什么存钱、怎样把钱攒多、又怎样合理地花钱。如果孩子的眼镜、外套、书籍等物品需要更换时，可以考虑要求孩子动用其存款弥补这一开销。

5．体验生活的艰苦——让孩子吃吃苦不是坏事。生活中，孩子衣食无忧，长期处于物质生活极度丰富的状态中，这样一来，孩子就会产生攀比的心理，拿钱不当钱。因此，有可能的话，带孩子去农村或者边远地区体验一下生活，让孩子过过苦日子，体会一下经济不宽裕时的日子，这样一来，可以让孩子对钱有切身体会，体会到钱的重要性。

6.要花钱自己挣——让孩子体验挣钱的艰苦。可以给孩子创造一些机会，让孩子要花钱自己挣。比如，可以把家里养的花拿到附近的花市上来买，锻炼孩子挣钱意识；比如可以发挥孩子的特长，鼓励孩子写作文投稿，争取拿到稿费或者爸妈的奖励，这样也可以获得零花钱。通过这些小活动，让孩子体会到挣钱的艰苦。

父母花钱大手大脚——钱在孩子眼里就只是个符号

学校要举行春游活动，当班主任钱老师宣布这个消息时，六2班的教室里开始沸腾了。芳芳和心怡坐在前后排，芳芳回过头来问道："心怡，这次春游，你准备带多少钱啊？"

心怡昂起头，想了一下说道："我准备带50元吧，你呢？"

"干吗带那么多啊？我带10元钱就够了！"芳芳说道。

"嗯?50元多吗？我也不太清楚哦。"心怡心里有点疑惑地说道。

晚上回家，心怡把春游的事情跟妈妈说了，并且问妈妈道："明天春游，老师说可以带一些零花钱，你说我带多少好啊？"

妈妈一句话也没说，从上衣口袋里拿出钱包，从中抽出100元，柔声说道："妈妈给你100元，你喜欢买什么就买什么，好吗？"

心怡看着妈妈给自己的100元钱，不解地问道："芳芳说只要带10元钱就够了，你为什么要给我100啊？"

"给你钱充足一点是不想你委屈啊！你要是用不完可以拿回来嘛！"妈妈随口说道。

第二天，大家如约出发。景点门口有卖手工艺品的，心怡带着100元钱，看见什么喜欢就买下，不一会儿功夫已经花了30多元了。不知不觉到了中午，学校为每个人提供了快餐，心怡嫌快餐难吃，就去景区的餐厅买了汉堡来吃，又花了20多元，后来又买了些小玩具，等到回家时，她兜里的100元钱已经所剩无几了。

回到家后，妈妈看到心怡买了好多的小玩具，和心怡欣赏了一番，也没有

谈钱用多少的事情。

心怡从小就是这样，爸妈从来不会在钱上委屈她，她要10块，爸妈就会给20块，总之，总是给心怡足够的零花钱。平时，他们自己花钱也大手大脚的，有些东西，本来可以在附近的超市买到，非要跑到专门的商店去买进口的，说这样可以提高生活品位。还有，好多家庭生活用品本来可以在网上购买，又省钱又省力，但是心怡爸爸觉得这样失去了购物的乐趣，非要开着车跑到几公里外的卖场去买。

父母平时花钱就大手大脚，钱在孩子的眼里就会变成符号，孩子就会觉得钱来得太容易，不会珍惜钱，花起钱来也会大手大脚。那么，仔细分析一下，为什么有些父母在孩子面前花钱会大手大脚，不知节制呢?

首先，缺乏科学的理财观。俗话说："你不理财，财不理你"有些父母，根本没有理财的概念，只注重及时享乐，对于家里的存款和现金心中无数，没有科学的用钱原则，尤其是对孩子的用钱不太注重。

其次，家长太疼爱孩子。有些父母，怕孩子受委屈，所以尽其所能满足孩子的需求，特别是在金钱上，孩子要多少给多少。

再次，缺乏正确的金钱观。有些父母，认为钱赚来就是花的，认为自己创造的财富就是要给家人享福，凡是用钱的地方不知节省，认为钱花了可以再挣，反正自己还年轻，赚钱的机会多得是，没有风险意识和防老意识。

针对上述种种情况，我们该如何调整自己的心态，让孩子也学会理财，不再花钱大手大脚呢?

1．理性消费——引导孩子制订合理的零用钱计划。让孩子花钱不再大手大脚，首先要训练孩子理性消费的习惯，而孩子理性消费的起点是对零用钱的使用，所以父母最好是和孩子一起制订出一个消费计划。在父母给孩子钱的时候，可以向孩子提出一个支出原则，让孩子

自己去订计划，父母不必直接干预，但要对孩子的计划监督、检查。这样，孩子在日常生活中才能养成好习惯，懂得预算，懂得把钱花在刀刃上。当孩子把平时的零用钱用好了，孩子对钱的使用就具备了一定的理性能力，这样才能遏制孩子的冲动消费。

2. 长期储蓄——引导孩子合理地处理压岁钱。每到过年的时候，孩子都会收到数额不等的压岁钱，少则几百，多则成千上万，这对孩子来说是一笔巨款，作为父母，要引导孩子做一个长期的储蓄计划。可以到银行给孩子开一个账户，每年的压岁钱，除了一部分拿出消费外，都带着孩子去银行将钱存起来，留作孩子将来的教育专项资金。这样的训练，可以使孩子有一定的危机意识和投资意识，使孩子减少冲动消费。

3. 带孩子购物，向孩子示范明智消费。为了买一辆物美价廉的自行车。一位父亲带着6岁的孩子逛了3家商店。最后，父亲用省下来的10元钱买了一个孩子向往已久的乒乓球拍。这位父亲的做法很聪明，他的行为给孩子做了很好的示范，使孩子了解了什么是价格差，什么是明智消费。这样孩子在自己支配钱的时候，也会货比三家，注意节俭。

4. 给孩子学习成年人“生活开支”的机会。父母最好从现在开始，就给孩子一些机会，让他们去买菜、交电话费等，使孩子知道家里的钱是怎么花出去的，父母每个月都需要支付哪些开支。

5. 一分钱一分用——给孩子钱要有节制。在给孩子零花钱方面，父母一定要有所节制，把钱的数额控制在孩子有能力支配的范围之内。一般来说，零花钱的数额并没有一个定数，父母要根据孩子的日常消费来预算。这些开支大多包括零食、午餐、车费、学习必需品等的费用。另外，父母还给孩子一些额外的钱，也就是说，您给孩子的钱，要比预算宽裕一些，这样才能为孩子的储蓄创造可能性。给孩子零花钱的原则应该是坚持一分钱一分用，能花一分钱办好的事情，就给孩子一分钱，不要多给，也不要少给。这样可以有效地锻炼孩子的

效率意识，对钱有一个敏感的把握。

别人穿啥我们穿啥——孩子的攀比心理由此产生

近年来，孩子炫富、比富、摆阔以至斗富的现象时有发生，例子举不胜举。《南方都市报》曾报道过“持刀逼父换豪宅”的消息，说的是为了迎接学校老师的登门家访，深圳某中学高二一女生觉得家里租住的地方太寒酸，就逼着父母赶紧买套新房或换个豪华宽敞的地方。这个要求被父亲拒绝后，她竟然想跳楼，并持刀对父母进行威胁。另据媒体报道，寒假前，学校召开学生家长座谈会，要求学生家长必须参加，唐山市某中学初二女生小兰(化名)觉得自己的母亲长得“矮、丑、胖”，竟然拒绝母亲参加学校座谈会。

六年级学生小薇也有这样的心理，前几天，班上的好朋友安安在中央商场买了一条漂亮的裙子，据说要一千多元钱呢！安安把裙子穿到学校，在同学们面前展示，这可把小薇给气坏了，她决心要买一件比安安那条裙子还好的。

晚上回到家后，小薇跟妈妈说道：“安安今天买了一条裙子，很好看，我也想要！”妈妈听说小薇要买裙子，以为就是普通的衣服，几百元钱就可以买到，也就没有放在心上，随口答道：“好的，这个周末我们去买！”

周末到了，小薇拉着妈妈来到中央商场的裙子柜台，看到了安安的那条裙子，试穿了一下，就跟妈妈说：“我不喜欢这个了，我喜欢这件！”说着就把边上的一条更贵的裙子拿起来，要试穿。妈妈一开始没在意标价牌，这会突然想起来，赶紧拉住小薇，拿起标价牌一看，要两千多，心里舍不得，这要自己半个月的工资呢！也不是实在花不起这个钱，就是觉得花这么多钱给孩子买衣服，对孩子不好。于是就跟小薇说：“薇薇，这件衣服实在太贵了，我看我们还是到别处再看看吧！”

“我不，我就要买这件！你说过要给我买的！我一定要买的比安安的好！”小薇不同意妈妈的话，坚决地说道。

妈妈一想，如果不买肯定会伤女儿的心，所以狠下心来说道：“好，别人

穿啥，妈妈就给你买啥，这件衣服我们买了！”

“嗯，妈妈真好！”小薇的脸色由阴转晴，便在妈妈脸上热情地吻了一下，热情地说道。

第二天，小薇穿着比安安还贵的裙子出现在班级时，引来了更多同学的夸奖，小薇听着同学的赞扬，心里美滋滋的。

父母对待钱的态度决定着孩子的心态，父母本身花钱就大手大脚，孩子也会变成“花钱能手”，假如父母本身也喜欢与人攀比，那么多少会映射到孩子身上。很多时候，我们自觉不自觉地加入到攀比的大军中去：人家又换房了，自己家还住在小房子里，所以自己再苦再累，也要住上大房子；隔壁邻居家的车又换了，自己的车已经买了5年了，也要换了，虽然钱还不怎么宽裕，但是借点钱也要重新买一辆，总不能输给别人啊！

俗话说：“人比人，气死人！”我们跟同事比业绩，我们跟邻居比生活，跟熟人比幸福，跟陌生比财富，我们的心态总是在比来比去中拧巴着，自己过得不舒心，捎带着把孩子也带往了比富斗富的状态中去了。

班上某同学买了新款的变形金刚，自己也要有，所以一定要爸妈买；好朋友买了一件新版的耐克鞋，要800多元呢！自己也要想买一双，所以一定要爸妈买。

孩子这样的状态，多多少少跟父母的心态有关系，那么，要想扭转孩子的心态，作为父母，我们该怎么办呢？

1．不攀比，不斗富——幸福的生活来源于心里的感受。平时，我们必须传递给孩子这样一些理念：幸福不是比出来的，也不是物质越多越幸福，幸福的生活来源于心里的感受，只要自己觉得幸福，即使物质生活差点也没关系。

2．钱来之不易——引导孩子学会节约。当孩子因为嫉妒他人，而一定要在物质上获得满足时，作为父母应通过一些生动的故事告诉孩

子节约是美德，同时身先示范，平时带头节约，做孩子的好榜样！

3．过过没钱的日子——让孩子经历“贫穷”。不论家庭经济条件如何，对孩子的用钱一定要进行引导，不妨让你的孩子经历“贫穷”，如，故意减少家里吃大鱼大肉的机会，故意减少家里去逛商场的次数，并且很认真告诉孩子，爸爸妈妈的工资减少了。让孩子从衣食住行感受到“贫穷”，体会到赚钱的不容易。并且，有计划地带孩子去边远地区，或贫穷的农村里生活一段时间，让孩子过过穷苦人的日子，让孩子变得理性、踏实，不再盲目地攀比。

4．父母带头不攀比——把孩子的“炫富”、“比富”的苗头扼杀在萌芽里。首先作为父母要带头不搞攀比，不在孩子面前谈论谁家钱多，谁家钱少之类的话题，同时，自己也要对财富有一个正确的认识，这样孩子才不会受家庭的影响。如果发现孩子攀比财富，要及时制止，告诉孩子炫富是不对的，要“炫”就“炫”成绩，“炫”做人。

5．比精神生活——引导孩子的精神生活。平时的生活中，淡化孩子的物质享受意识，从小就教育孩子要勤俭节约，给孩子渗透节约的理念，在保证孩子充分营养和足够零用钱的同时，可以引导孩子丰富精神世界。孩子的精神世界丰富了，就会转移对物质世界的追逐。因此，平时可以多带孩子去逛逛书店，多读读书，可以带孩子去体验生活，远离喧嚣的物质生活，引领孩子丰富他们的精神世界。

父母有记账的习惯，孩子也会懂得管理自己的零用钱

学习完正数和负数，老师布置同学们回家调查一下家里每月的开支状况，并且征集家庭节约高招。

晚上吃完饭后，苏苏拉着妈妈坐在沙发上，准备采访妈妈。苏苏的妈妈是个持家能手，家里的大小开支都由她张罗着，家里的开支每个月都有结余。这些年，要不是妈妈持家得好，苏苏家也不会这么快买上新车！苏苏问妈妈：

“妈妈，家里大大小小那么多事需要用钱，您怎么不会弄乱的啊？”

妈妈停下手中的活，摸摸苏苏的头，柔声说道：“那是因为妈妈有个好习惯啊！”

“啊？什么好习惯啊？”苏苏迫不及待地问道。

妈妈看苏苏认真的样子，微笑道：“那是因为妈妈善于记账啊！”说完，拿出家里的账薄给苏苏看。苏苏打开账薄，上面密密麻麻地记着每一天的几乎每一笔开销。大到家里上个月买了台液晶彩电，小到苏苏上周领了两元零花钱，都记得清清楚楚。

看妈妈如此认真，苏苏就跟妈妈说：“妈妈，从今以后，我也开始记账喽！您可要监督我啊！”

“嗯，乖女儿，妈妈一定会监督你的！”妈妈咯咯地笑道。

于是，苏苏在妈妈的指导下，开始了自己的“记账”生活。妈妈特地给她找了个漂亮的笔记本，她每天都将自己所花的钱用心地记在本子上，每过完一周就会拿出来算算自己花了多少钱，要是花多了，就会提醒自己要注意节约了，要是结余了，就买一支冰棍犒劳一下自己。

父母好习惯，孩子会受用一生，某种程度上讲好父母胜过好老师，父母本身就对理财比较在意的话，孩子也会受其影响，注意用钱的。

理财投资其实就是一种生活态度，家长应该积极培养孩子正确的理财观，既不是压制杜绝孩子花钱，也不是放任孩子花钱。而应既要教孩子学会储蓄，又要创造时机让孩子知道投资的重要性，培养孩子的投资意识。在当代社会，教给你的孩子一定的科学理财方法是每位父母义不容辞的责任。所以父母不应仅仅满足于孩子对钱的了解认识，还要在实践生活中培养、训练孩子的理财能力。而培养理财能力的重要方法之一，就是教孩子养成储蓄的好习惯，并教给他一些投资的技巧。

在未来的社会，孩子是否能够掌握一些理财投资的方法，对其成长和成功尤为重要。因为，只有学会了储蓄，孩子才能养成节省“自己的钱”的习惯；只有学会了投资，孩子才能在竞争日益激烈的社会中，率先学得生存和发展的本领。

正确用钱和坚持储蓄是学习理财的必经之路。教孩子理财的知识是一个水到渠成的过程，孩子毕竟接触钱的机会比较少，大人潜移默化的影响，对孩子的理财观起着至关重要的作用。平时，鼓励你的孩子学会存钱，学会用钱，学会钱生钱，比紧缩钱袋不给孩子见钱，或者大手大脚任由孩子花钱，要更有利于孩子成长。

作为父母，在平时的教育中，我们该如何引导孩子，才能锻炼孩子的理财能力呢？

1．家庭账本——给孩子一个理财的示范。作为父母，我们可以跟苏苏的妈妈学习，如果家里的开支是由你负责的话，不妨给家里准备一个账本，将家庭的大小开支全部记在账上。这样做，既可以明确家庭的消费计划和开支情况，又可以引导孩子形成节约理财的观念。

2．消费计划表——和孩子一起制订明确的消费计划。只有明确孩子的消费计划，孩子才会自觉地想到要储蓄和投资。这样才能让孩子的消费理性化，也能锻炼孩子的财商，增强孩子对金钱的掌控能力，将来不至于被钱操控。开个家庭会议，明确一下家庭和孩子的消费计划表，将大大小小的开支列个预算出来，然后全家人商量通过，然后按照消费计划表进行理性消费。

3．把钱存起来——从小培养孩子的储蓄意识。孩子的储蓄意识，应当从小培养，如，有的孩子喜欢吃冰淇淋，如果买一杯要花6元的话，父母就应告诉他：“你想吃可以，但是今天只能给你3元，等到明天再给你3元，你才能买来吃。”孩子储蓄观念就会由此萌发。可以在银行给孩子开个教育专项资金账户，或者宝贝理财卡等等银行专门针对孩子的理财产品，从小就训练孩子的储蓄意识。

4．开设银行账户——教孩子投资理财的最佳方式。美国著名的教

育专家戈弗雷在谈到储蓄原则时指出：孩子可以把自己的零花钱放在3个罐子里，第一个罐子里的钱用于日常开销，购买在超级市场和商店里看到的“必需品”；第二个罐子里的钱用于短期储蓄，为购买较贵重物品积攒资金；第三个罐子里的钱则长期存在银行里。为了鼓励存钱，父母可以陪孩子一起去银行存钱，并以孩子的名义开一个户头。当孩子在铅印的存单或存折上见到自己的名字时，会使他们感到自己长大了，变得重要了。银行的另一个好处是：它能使孩子充分理解钱并不是随便就可以从银行里领出来的，而是必须先挣来把它存到银行里去，然后才能取出来，而且还会得到多出原来存入的钱的利息。

5．学会赚钱——教给孩子一些让钱升值的投资方法。当储蓄积累到一定的金额，适时地教给孩子一些投资的方法，是十分必要的。比如，当孩子的压岁钱有很多时，可以告诉孩子选择储蓄的期限以增加利息，或者引导孩子买一些基金，这样会收获更高的利息或分红。孩子的探索欲望是很强的，当他们知道用适当的方法可以使金钱变得更多时，他们就会对此项理财活动充满了兴趣，并为此而变得积极努力起来。

第八章

教到位，孩子才能真健康

很多父母在教育孩子的过程中，常常会处于浅尝辄止，或者虎头蛇尾的境地，也就是说在教育孩子的某一件事上，教不到位。而教不到位，就会让孩子产生依赖，懒惰，反复犯错等问题，影响孩子的身心健康。因此，在教育孩子的过程中，既然要教，就一定要教到位，既不能把孩子带往错误、不良的经历之中，也不能对孩子的习惯和缺点不闻不问，只有教到位了，孩子才能真正健康发展！

挑食的父母教育出挑食的孩子

据中国青少年研究中心调查显示，近半数中小学生因为觉得家里做的菜不好吃就少吃或不吃，还有一些家长认为，孩子偏食、挑食没关系，长大了自然会改。其实，孩子偏食、挑食的习惯并不会因为年龄增长而减少，反而会越来越严重。

莉莉的爸爸来自农村，到城市里上大学，在大学里认识了莉莉的妈妈。莉莉妈妈是地道的城里人，从小就比较娇惯，嘴也比较刁，平时吃饭比较挑食。不吃膻味的东西，一看到就吐，不吃蒜，不吃甜食，但对油炸的食物却情有独钟。

每天基本上都是爸爸做菜，而爸爸的口味和妈妈的又不怎么一样，所以，每次吃饭，莉莉妈妈总是在菜盘子里挑挑拣拣的。

在妈妈的影响下，莉莉也变得比较挑食，不爱吃肉，也不怎么吃蔬菜，就喜欢吃油炸的食物。

在莉莉每周末上的培训班附近就有一家外国快餐店，每周去上课莉莉妈妈都要带着莉莉去那里大吃一顿。由于比较挑食偏食，莉莉光人很瘦，体质也差，经常感冒。

由于经常生病，莉莉的成绩也受到了很大的影响，上小学一二年级那会儿，功课负担比较轻还好，莉莉还能考班里的前几名，可是到了三年级以后，莉莉的成绩就渐渐掉下来了，在医生的提醒下，爸妈这才意识到要改善莉莉的饮食习惯。

中国青年研究中心少年儿童研究所所长孙宏艳指出，年轻父母常为孩子出现食欲不振、缺乏活力、反复感冒、发烧腹泻、口腔溃疡等病症发愁。孩子出现这种现象，与父母本身的不良生活习惯密切相关。很多父母小时候饮食方面较为挑剔，有些父母自己不会做饭，常带孩子吃外卖或者带孩子去饭店吃饭，科学的营养知识也比较少，很容易导致营养缺乏。

儿童偏食、挑食的根源在于家庭，孩子受父母饮食偏好影响较大。有的父母，由于自己偏爱某种食物，就会常常买回家来吃，这样孩子也会跟着吃，而对于自己不喜欢的食物，有时会在孩子面前表现出厌恶感，或者直接表达出对这种食物的讨厌，这样孩子就会受其影响，也不吃此类食物。调查发现，现在孩子最缺的就是B族维生素的营养元素了，现代人们所吃的大米、面粉越来越精细化，越来越白，其中所含的B族维生素就越少，在快餐中维生素B族就更是少得可怜。

同时，现在的很多父母，很少有时间陪孩子吃饭，基本都是由孩子独立吃饭，这时孩子就会根据自己的好奇心和口味选择食物，而孩子的选择往往又是盲目的，不健康的，而这些父母没有关注到。还有一些父母，虽然可以跟孩子吃饭，但是每次吃饭时间就变成了“家庭训话时间”，在吃饭时不停地教育孩子，数落孩子这样不好那样不好，让孩子倍感压力，吃饭不香，不开心，长期以往，会让孩子对食物产生厌恶感，讨厌吃饭，变得挑食偏食。

针对上述的种种原因，作为父母，我们如何通过改变自己的习惯，而影响孩子成为不挑食，不偏食的好孩子呢?

1．改变对待孩子的方式有利于孩子饮食。专家说，要改善孩子偏食挑食问题，家长可尝试改变对待孩子的方式，比如：吃饭时不要过多关注孩子，平时注意不要给孩子太多零食，适当增加户外运动，孩子自然就会有食欲。家长不要哄骗、威胁孩子吃饭，等他饿了再让他吃。

2．不要把吃饭时间当成教育时刻。首先家长应树立好榜样。如果父母自己挑食，或在孩子面前说这种食物不好吃，孩子会直接受影响。父母不喜欢吃某种食物，家里往往就很少买这种食物，间接造成孩子偏食。很多孩子从幼儿时就喜欢看电视广告，广告里有什么新食品、新饮料，孩子比大人更清楚。因此，父母应学会指导孩子科学选择食物，如每天需吃谷类、奶类、动物性食物、蔬菜、水果等。

3．制造“食不言”的氛围——减少外界对孩子饮食的干扰。有的家庭喜欢吃饭时看电视消遣，还有的孩子喜欢边吃饭边玩玩具，这样对孩子的科学合理饮食非常不利。因此，准备吃饭前，收起所有玩具，关掉电视，让孩子注意力集中在吃饭上，尽量减少外界对孩子饮食的干扰。

4．“宝贝真乖，吃饭真快！”——及时给孩子鼓励。当孩子吃饭吃得很好时，要及时地给孩子鼓励，强化孩子正确科学的吃饭意识，让孩子逐渐养成吃饭时不磨蹭，不挑食的好习惯。另外，在孩子吃饭时，还要控制好孩子吃饭的时间，最好将孩子用餐时间控制在25分钟。

5．鼓励孩子和全家人一起进餐——让孩子享受快乐进餐氛围。如果可以的话，让孩子参与食物烹饪制作的全过程，还可讲解各种食物的营养和功能，让他对食物和吃饭产生乐趣；并且用不同的方法做一些孩子不喜欢吃但又是人体必需的食物，让孩子忘掉食物的不好吃，高兴地就餐，做到不偏食，不挑食。

带着孩子逛肯德基——油炸食品成了他的最爱

思悦的妈妈在太平洋百货公司的化妆品专柜做营业员，平时工作很忙，思悦每周五要上英语培训班，地点就在百货公司附近。所以每次思悦妈妈都会在公司对门的一家KFC里等思悦下课。等待的过程中，她会点一些饮料和薯条之类的来打发时间。等到思悦下课已经是晚上八点半左右了，妈妈考虑到思悦学习比较累，所以每次都会点一些汉堡，鸡腿之类的给思悦充饥。

在KFC吃的次数多了，思悦渐渐爱上了吃油炸食品。但是，油炸食品是世界公认的垃圾食品，吃多了以后不但会发胖，而且里面还含有致癌物质，对人体的危害特别大。思悦就是个明显的例子，由于不控制饮食，她整天都在为她的小肚腩而发愁，每次称体重都要大呼小叫一番，说什么决定再也不吃KFC之类的狠话，但是一见到汉堡，还是条件反射似地想吃。

油条、油饼、炸鸡腿、炸薯条、油炸开花豆等油炸食物，香气诱人、口感爽脆，常令人食欲大增，难怪许多人将油炸食物当作美味，偏好有加。有的人早餐吃了油条，中餐又吃炸鸡腿，晚餐还吃炸鱼块，晚上看电视时又有炸薯条、炸薯片相伴。看来，油炸食物的魔力还真不小，但是，您知道油炸食物如果吃多了有什么害处吗?

第一，营养损失。经过高温加热后，食用油中的有益营养成分会遭到不同程度的破坏，且随着油温的升高和煎炸时间的延长，营养成分被破坏的程度更加明显，被炸食物中的许多营养素也会因高温等因素遭受严重破坏，故过多食用油炸食物会使人发生营养失衡。

第二，难以消化。食物经油炸后，表面被大量的油脂包裹，而消化油脂的难度比较大。所以，过多食用油炸食物后，一般都会使人感到腹部饱胀不适，尤其是肝、胆、胰腺、胃肠道功能较差的人，可能因此而诱发或加重某些疾病。一些平常较易消化的食物也可因高温油炸的作用发生变性，而变得难以消化。故过多食用油炸食物加重了消化道的负担，降低了食物的消化吸收率。因此，胃肠功能不佳的糖尿病病友最好不要选择油炸食物。

第三，损害健康。食用油经高温加热后分子结构发生变化，如不饱和脂肪酸下降，部分脂肪酸变为反式结构，而如果使用的是氢化油，则在煎炸前就已经改变了油的分子结构。油脂的这些变化均不利于心、脑血管疾病的防治。

第四，热量大增。食物经油炸后，原本不含或含脂肪极少的食物其脂肪成倍地增加。比如同为面条，每100克普通面条脂肪含量仅为0.7克，而方便面(要经油炸)每100克的脂肪含量为21.1克，为普通面条的30倍;又如100克富强粉含脂肪为1.1克，制作成油条后脂肪含量增至25.9克，制作成油饼后脂肪含量可增至40克。脂肪是高热能的食物，虽然难以消化，但吸收率高，过多摄入必然导致热量过剩。如果不通过增加运动来消耗过剩的热量，日积月累，就造就了一个个大胖子。肥胖则导致心、脑血管疾病和高血压、血脂紊乱、糖尿病、中风及某些癌症的发生几率大大增加，也使已有的一些疾病变得更加难以控制。

总之，油炸食物虽好吃，但贪食对健康有害无益。既然油炸食品有这么多的危害，那么作为父母，作为孩子膳食的第一监护人，我们该怎么做呢？

1．跟孩子讲清楚油炸食品的危害。平时要经常跟孩子灌输油炸食品的危害，可以通过录像或者图片给孩子讲解油炸食品有哪些危害因素，让孩子打消吃油炸食品的念头。

2．控制孩子吃油炸食物的频率。带孩子去吃油炸食物的频率不宜过多，父母可与孩子达成协议，两周或者一个月去吃一次KFC，以此来限制孩子吃油炸食品的次数。

3．多吃水果蔬菜益处多。世界卫生组织公布的最佳食物榜单中，最佳水果主要包括木瓜、草莓、橘子、柑子、猕猴桃、芒果、杏、柿子和西瓜等。平时要给孩子多吃水果，水果中富含多种维生素，对孩子的身体有很多益处。蔬菜中也含有丰富的维生素和人体必需的营养物质，平时也要鼓励孩子多吃蔬菜。根据世界卫生组织推荐，芦笋、卷心菜、花椰菜、芹菜、茄子、甜菜、胡萝卜、荠菜、苤兰菜、金针姑、雪里红、大白菜等蔬菜对人体都有好处，应鼓励孩子多吃。

4．适量吃肉。肉类含有人体所需要的蛋白质、脂肪、无机盐和维生素等，平时要给孩子吃适量的肉食，并且肉食的做法最好参考健康食谱做给孩子吃，不要给孩子吃炸鸡腿之类的肉食。

5．给孩子吃护脑的食物。孩子正是长身体，智力发育的年龄，应该给孩子多吃一些护脑养脑的食物。菠菜、韭菜、南瓜、葱、花椰菜、菜椒、豌豆、番茄、胡萝卜、小青菜、蒜苗、芹菜等蔬菜，核桃、花生、开心果、腰果、松子、杏仁、大豆等壳类食物以及糙米饭、猪肝等都是很好的护脑食物。

6．生命的营养源——牛奶。每100克牛奶含蛋白质3.5克，脂肪4.0

克，碳水化合物5克，钙120毫克，磷93毫克，铁0.2毫克，硫胺素0.04毫克，核黄素0.13毫克，尼克酸0.2毫克，维生素A42毫克，维生素C1毫克。牛奶蛋白质中赖氨酸含量仅次于蛋类，胆固醇含量每100克中仅含16毫克。

把一顿饭时间控制在20～30分钟

娇娇小时候吃饭是最让父母头疼的，吃饭前，她玩得特别开心，不断地吃零食，一到吃饭的时候就坐到餐桌上开始闹别扭，这也不吃，那也不吃，一顿饭往往要吃上一个小时左右，爸妈哄也没用，吓也没用，就是不吃饭。

娇娇吃饭比较慢的小毛病，多少跟她妈妈的习惯有关，她妈妈吃饭就特别慢，一边看电视剧，一边聊着天，基本上都是一直盯着电视，等到进广告了或者不好看的时候，才想起来提醒娇娇吃饭，娇娇不听，她就生气，有时候还跟娇娇发脾气，骂娇娇。这样一来，娇娇就特别讨厌吃饭，每顿饭都要磨磨蹭蹭几十分钟，简直是操碎了父母的心。

跟娇娇相比，正正吃饭时就很让人省心。每次吃饭，不管是鱼肉还是蔬菜，只管吃个饱，也不要父母催促提醒，自己吃饱了就跑去玩了，一点也不要父母操心。正正之所以能有这样的习惯，跟爸妈从小对其的引导有很大的关系。正正爸爸妈妈在吃饭时，从来不催促孩子吃饭，或者帮着孩子夹这个夹那个，基本上都是先把饭菜给孩子准备好，放在正正的面前，然后，自顾自吃饭，做到“食不言”，吃完饭，自顾自做事。正正在父母的影响下，慢慢地也学会了吃饭时干脆利索，不磨磨蹭蹭。

有些孩子在吃饭时总是磨磨蹭蹭，很让父母们操心，仔细分析一下孩子吃饭磨蹭的原因，大致有这样几个方面；

第一，孩子的身体不好。有些孩子体质不好，比较瘦弱，有脾胃不和、慢性消化道疾病等，这些体质上的问题，会影响孩子的食欲，延长孩子吃饭的时间。

第二，孩子不饿。有些孩子在吃饭的空当不断地吃零食，到吃饭

时反而不饿了。如果不饿，准备再多的山珍海味，孩子也吃不下去。不信？我们可以注意观察一下，就会明白。现在的孩子天天有零食吃，从来没有体验过饥饿的滋味。吃饭只是一种习惯而已。“特别想吃饭”的时候太少了，所以吃饭时磨蹭。

第三，孩子吃饭不专心。有些孩子在吃饭时还看喜欢的动画片，或者把自己心爱的玩具拿在手里玩，或者边吃饭边跑去玩，东摸摸西摸摸的，这样肯定耽误吃饭的时间。

当然，现在的孩子吃饭磨蹭，还有一个原因就是，现在的父母大多工作繁忙，孩子多由爷爷奶奶，外公外婆带。而爷爷奶奶，外公外婆经常会对孩子比较溺爱，尤其是饮食起居方面，他们尽量在饮食起居上顺着孩子，疼爱孩子，所以有时会造成孩子吃饭磨蹭，拖延时间。

找到孩子吃饭磨蹭的原因，作为父母，我们如何有针对性地纠正孩子的这个小毛病呢？

1．平时注意观察孩子的饮食——及时发现孩子可能发生的疾病。作为父母，一定要做一个细心人，不能因为平时工作忙，就忽视对孩子健康的关注，要及时注意孩子有可能发生的疾病，发现孩子有偏食、厌食等现象，要及时带孩子去检查、就诊，还孩子一个健健康康的身体。

2．减少孩子吃零食的频率——纠正孩子的饮食规律。有些孩子喜欢吃零食，只把吃饭当做一种习惯，到吃饭时根本不饿，所以吃不下饭，也吃得很慢。训练孩子规律饮食，必须严格控制孩子吃零食的频率，减少孩子接触零食的机会。

3．“食不言”——吃饭要保持安静。有些父母喜欢在饭桌上聊一些家长里短的事情，一顿饭能吃好长的时间，孩子受其影响，也喜欢在吃饭时说话。因此，作为父母，要给孩子树立一个榜样，做到“食不言”，安静地吃饭，这样给孩子一个吃饭的规矩，减少孩子磨蹭的

机会。

4．吃完饭再玩——吃饭时要专心。有些孩子吃饭时很不专心，喜欢边看电视边吃饭，还有的玩着玩具吃饭，这样都会延长孩子吃饭的时间。为此，建议父母在孩子吃饭时，关掉电视机，把孩子心爱的玩具收起来，等吃完饭再玩，如果孩子做不到，就等孩子玩腻了，再让孩子吃饭。

5．培养孩子的饮食习惯。平时，要注意培养孩子的饮食习惯，尽量不要让他偏食和挑食，大人的饮食行为是孩子的模仿对象，所以家长们要经常带头食用孩子不爱吃但很有营养的食品，如蔬菜、瓜果等，同时不要暗示孩子有饮食的偏好。

6．合理安排孩子的用餐时间。有些父母特别溺爱孩子，只要孩子饿了就给孩子吃的，这样对养成孩子良好的饮食规律很不利。按照中国传统的一日三餐的饮食习惯，合理地调节孩子一日三餐的时间，一般来说，早餐在7:00~8:00较好，此期间人体新陈代谢旺盛，在经过十几个小时没有进食的情况下，很需要补充食物。吃的要丰盛些。中餐在11:00~12:00为宜，可以吃饱些，减肥也不要害怕会胖。如果不吃，下午身体机能跟不上，晚上会吃多的。晚餐在17:00~18:00为好。晚餐不论减肥还是不减肥都应该少吃些，因为晚餐后人基本上没有什么活动，况且接近睡觉时间，应该少吃以免囤积脂肪。保证孩子一日三餐吃得好，吃得及时，吃得准时，这样孩子在吃饭时，才不会拖延、磨蹭。

父母是个“夜猫子”，孩子容易养成晚睡的习惯

佳明是出版社的签约作家，白天要上班，且白天比较吵，根本静不下心来写作，所以晚上就成了他写作的最佳时间，一般他每天都要写稿到一两点才睡觉。

儿子文文出生后，他还是每天晚上都很忙碌，要到很晚才睡觉。在他们

家，十点根本不算晚上，有时候，十点了，他觉得饿了，还要弄点宵夜来吃。文文上学后，周一到周五，大约8点半左右就睡觉了。可是到了周末，小家伙就开始不愿意早睡了，非要跟爸妈磨蹭到十点多才睡。等到他长大一点了，妈妈还带着他去逛街，天生购物狂的妈妈，一般周末休闲的时候，都要逛到十点多才会回家。

有时候，爸妈都出去应酬了，就把文文一个人留在家里，他一个人觉得孤单害怕，也不睡觉，就在家里看电视，玩电脑游戏。

由于睡觉比较晚，起床就会比较迟，最近文文老是上课迟到，被老师批评过多次，但他还是我行我素。老师打电话给文文爸爸，他答应会叫文文早点睡觉，可是一到晚上，自己又忙忘了。

中医养生名著之一《养生三要》里说："安寝乃人生之乐。古人有言：不觅仙方觅睡方……睡足而起，神清气爽"可见，睡眠对于人来说，是多么的重要。在人类生命过程中，大约有三分之一的时间是在枕头上度过的。睡眠与健康是"终生伴侣。"中国传统医学历来重视睡眠科学，认为"眠食两者为养生之要务"。

美国有两位学者，对7000人进行了长达5年半的研究，认为有7种原因可影响人的寿命，其中最重要的是睡眠。众所周知，人可以七天不进食，只要饮水，尚可维持生命，但是如果七天七夜不睡觉便有生命危险。

孩子经常熬夜，就会导致睡眠不足，而长期睡眠不足，对健康也有很大损害。这是因为在所有的休息方式中，睡眠是最理想、最完整的休息。有人说，睡眠是最自然、最了不起的恢复剂，这是合乎事实的。经过一夜酣睡，多数人醒来时会感到精神饱满，体力充沛。

有规律的作息，是孩子健康的保证，也是孩子学习效率的保证。在实际生活中，如果我们仔细分析一下孩子作息不规律的原因，大致有以下几个方面：

第一，孩子白天精神压力大，晚上不容易入眠。现在的小学生，

学习压力越来越大，学习负担也越来越重，有的孩子在学校里学习压力大，在家写作业又要写到很晚，以致到了休息的时间反而睡不着，比较亢奋，因为已经过了睡觉的那个点了。这也是导致孩子越来越消瘦，精神越来越差的原因。

第二，休息日不正常休息。有些孩子的作息不正常就是从周末开始的，有的父母认为孩子周一到周五学习太累，所以周末就让孩子睡到很晚才起床，这样对正处于生长发育期的孩子来说，极为不利，不利于孩子形成科学规律的作息。

第三，父母就是“夜猫子”。现代父母“夜猫子”不少，常常工作或玩乐到三更半夜，自己晨昏颠倒的作息，也打乱了孩子正常的睡眠时间，孩子睡得晚，早晨自然就会起不来。

第四，孩子睡前玩耍多。倘若父母习惯在睡前与孩子玩耍，使其精神处于亢奋状态，孩子便不容易入眠，也因而导致第二天爬不起床的情况。

不管怎么说，孩子是否有一个规律的作息时间，要靠父母的引导和示范，只有切实地注意孩子平时的作息时间，才能把孩子调教成作息有规律的好孩子。

1．父母要正常休息——给孩子一个规律作息的示范。孩子容易晨昏颠倒的习惯，常归因于父母本身不良的生活习性，因此家长们应改变自己日夜颠倒的习惯，才能成为孩子的好榜样。

2．作息时间商量着来——让孩子自主选择合理的休息时间。父母为孩子订下的睡觉时间，孩子通常不满意，造成每回到了该上床睡觉的时间，孩子却一点都不想睡。因此，爸妈可以跟孩子一起商量，订出一个彼此都能接受的时间，规定中加入自己的意见，孩子会较乐意接受。

3．为孩子订定作息时间表——用规范的时间表来约束孩子的作息。孩子应该有固定的生活作息，知道什么时间该做什么事，养成规

律的生活习惯。父母可以陪孩子一起制作一个作息时间表，挂在孩子房间墙上，以活泼的图画方式呈现每个时间该做的事。例如：五点的格子画电视，表示可以看卡通；6:00的格子画浴缸，表示该洗澡了；7:00的格子画一个碗，表示吃饭时间；8:00的格子画一本书，表示阅读时间；9:00的格子画床，表示该上床睡觉了。

4．营造睡觉气氛——让孩子在安静和谐的氛围中快速熟睡。或许孩子上床的时间对大人而言还是太早，但如果在孩子睡觉时，家中依然吵吵闹闹、灯火通明，孩子也很难有想睡的感觉。所以到了这个时间，全家人要一起培养夜晚宁静的气氛，关电视、关大灯、轻声细语、各自回房，还可以放些轻柔的晚安曲，让孩子感到大家都要休息了，真的到了睡觉时间。

5．给孩子温暖的吻——父母的温暖让孩子快速入睡。除了讲故事外，也可以唱唱催眠曲，或和孩子交换一下这一天的所见所闻及感想。如果孩子害怕鬼怪会在睡觉时跑出来，爸妈可以当着孩子的面检查床底、橱柜、窗帘，让他确定里面没有可怕的东西，最后互道晚安。如果孩子还小，可以来个温暖的吻，祝彼此都有个香甜的好梦。

睡觉不怕吵——培养孩子的抗干扰能力

晓晓今年上五年级了，每天晚上睡觉，都要妈妈哄着他才能入睡，要是妈妈不给他讲故事，他就睡不着。而且这孩子睡觉有一个怪癖，那就是有一点声响都睡不着，哪怕就是妈妈从房间里出来的那个脚步声，他听到了都会睁大眼睛，等到声音消失了，才会有睡意。

所以平时，只要晓晓睡觉了，爸妈做什么事情都蹑手蹑脚的，不敢出多大的声响。

有一回，爸爸起夜，一不小心把卫生间的洗脚盆碰响了，一下子把晓晓吵醒了，他大哭不止。爸妈以为发生了什么事情，赶紧跑到他房间去看，一问才知道是因为爸爸碰倒了盆，晓晓就这样一直哭，不肯睡，一直折腾到凌晨三四

点才睡觉。

除了睡觉怕吵外，晓晓学习的时候也特别怕吵，他在书房里写作业时，爸爸妈妈都不敢在家里走动，因为稍有声响，他就会大叫起来，经常挂在嘴边的话是："吵死了，吵死了！"

平时在班上也是的，假如有同学在他写作业的时候打扰他，就会非常生气地对人家，为这事闹得同学关系都不好了。

作为父母，我们总是强调要在孩子的成长过程中要创造一个安静的环境，不管是生活上的，还是学习上。孩子睡觉时，我们总是小心翼翼，怕有声响会吵着孩子，让孩子睡不踏实；孩子无法睡眠时，我们总是用温柔的语言，抚慰孩子，让孩子快速地进入梦乡。孩子从小到大，从来没有在吵闹的环境中入睡过，所以，当孩子睡觉时听见声响，就会不适应。当然，还有一些父母，为了孩子能够安静地入睡，从小就不停地孩子的耳边灌输安静睡觉的理念，使得孩子产生"我很怕吵"的心理意识。而等到这个意识被不断放大后，再有一点点声响，孩子都会觉得很吵，失去睡意。

父母的这些做法本没有错，让孩子在一个安静的氛围中快乐地成长这是每个爸妈的心愿，但是假如我们矫枉过正，过度地强调安静对孩子成长的作用，就会让孩子失去抗干扰的能力和机会，让孩子受不得一点的干扰，从而影响孩子的正常生活。其实，孩子的睡眠完全可以和大人的正常活动做到两不干扰，一个略有噪声的环境反而有利于养成孩子睡觉不怕打扰的好习惯。父母不应该娇纵孩子睡觉怕吵的习惯，应想办法让他逐渐适应生活噪声，学会睡觉不怕吵。同样是对待孩子的睡眠问题，下面这位母亲的做法就很好。

圆圆过满月时，从外面找个人来家里给她照相。摄影师来了，圆圆正睡着。因为摄影师接下来还要到另外一家人那里拍照，不愿等，父母就决定把孩子弄醒。妈妈先轻摸她的脸蛋，用平常的声音喊她醒来，结果没反应。于是妈妈把小被子揭开，一边活动她的四肢一边用稍大的声音跟她说话，她还是不理

眯。她爸爸在旁边说，抱起来应该就醒了。妈妈就把圆圆抱起来，拍拍她的屁股和背，左拍右拍，好像都拍在别人身上，她的头靠在妈妈胸前反而睡得更香了。

大家觉得又奇怪又好笑，连摄影师也说真是奇怪了，怎么叫不醒呢。然后爸妈又用手轻挠她脖子处的痒痒肉，她只是头和脖子微微扭动一下，脸上还出现一个浅浅的微笑，鼻息均匀，继续她的美梦。

最后，姥姥使出绝招，拿来一块毛巾给她擦脸，又湿又凉的毛巾擦到她粉嫩的脸上，可小家伙仅仅是鼻子微微皱了一下，然后面目恬淡，神情泰若，更加自我地酣睡着，就是不醒来。

这样折腾了近半个小时也没把她弄醒，没办法，父母只好让摄影师先到别人家照，返回来再给他们家照。可摄影师走了还不到十分钟，圆圆醒来了，她先是扭动一下身体，睁开眼睛，然后小嘴一咧，哭起来，要吃奶了。我们真是哭笑不得——她也太自我了吧！

圆圆之所以这么不怕被干扰，跟圆圆从小爸妈的一些做法有关。圆圆出生后，爸妈遵循一个原则：略有噪声的环境有助于养成孩子睡觉不怕吵的习惯。于是爸妈基本上是该干什么还干什么，说话的音量也跟平时一样，电视机的音量也还是平常大小。而圆圆在这样“嘈杂”的环境中，反而学会了泰然自若，这样就无形中训练了孩子抗干扰的能力。

既然这样，那么如何给孩子创造一个合适的睡眠环境，锻炼孩子的抗干扰能力呢？

1．孩子睡觉时该干嘛就干嘛，不要刻意制造家庭的安静氛围。孩子休息时需要安静的环境，但是不要过度地制造安静氛围，孩子一睡觉，就蹑手蹑脚地做事。应该在孩子睡着了，习惯跟平时一样，该怎么说话就怎么说话，电视平时是什么音量就什么音量，这样一来，孩子在比较嘈杂的环境就不会受到干扰，安然入睡。

2．由“我怕吵“到“不怕吵”——调整孩子的心态。有些孩子潜

意识里有“我很怕吵”的意识，这个意识在心里被放大，就会感觉外界很吵。所以，作为父母，首先要平稳孩子的心态，让孩子心平气和地入睡。在睡前不给孩子压力，让孩子轻松地进入梦乡。

3．身强体健睡得香——加强孩子的体育锻炼。孩子晚上睡不着，出现夜哭或者闹觉的现象，有时还跟孩子白天的锻炼不足有关。因此，白天要多带孩子出去参加体育锻炼，当孩子乏累了，也就顾不上环境吵不吵了，自然会安然入睡的。

4．睡前采取一些辅助睡眠的措施。牛奶是定神的，睡前可以喝杯牛奶或者喝点蜂蜜水，都有助于孩子的睡眠。还可以在孩子睡觉前放一些轻快的音乐，帮助孩子进入梦乡。在睡前千万不要给孩子强烈的刺激，让孩子亢奋，这样孩子就不容易睡着。

参考文献

[1] 柯君. 培养了不起的男孩[M].北京：新世界出版社，2007.

[2] 费伯，梅兹立希. 如何说孩子才会听，怎么听孩子才肯说[M].北京：中信出版社，珍藏版：2009年出版，纪念版：2010年出版.

[3] 斯宾塞·约翰逊. 孩子，你为什么不听话[M].海口：南海出版公司，2007.

[4] 云晓. 培养完美女孩的100个细节M].北京：朝华出版社，2008.

[5] 崔宇. 家长的革命[M].北京：光明日报出版社，2009.

[6] 尹建莉.好妈妈胜过好老师[M]. 北京：作家出版社，2009.

[7] 东子，范姜国一.好爸爸，好孩子[M]. 合肥：安徽少年儿童出版社，2010.

[8] 钱元. 孩子到底应该怎么管——用HAPPY法则给孩子一个好性格. 北京：中国妇女出版社，2010.